수필문학가협회

강석호 이사장님께

2018. 5. 9.

저자가 드립니다.

그때는 왜!

오경자 수필집

교음사

책 머리에

올해의 수필인상, 기쁨을 담아

'올해의 수필인 상' 수상자로 선정 되었다는 연락을 받았다. 수필의 날에 시상하는 매우 상징적인 상이기에 정말 기뻤다. 과분한 상을 받게 되었는데 무슨 보답을 해야 할 것 같아 미루어 오던 수필집 출판을 서두르기로 했다.

발표한 지 10년이 되고도 아직 단행본으로 펴내지 못한 작품들에서부터 수년 전에 발표한 작품까지를 연도순으로 모아서 한 권 분량만 묶기로 했다.

다양한 추억들을 쓴 작품들이 많아 마치 조각보 같은 느낌의 책이 될 것 같다. 사회현상에 대한 글감도 있고 가족에 대한 글감도 있다. 남편에 대한 글들이 예전보다 가시가 좀 무디어진 걸 보니 은퇴한 반려에 대한 안쓰러움이 마음속에 고여 있었나 보다.

세상을 보는 눈도 많이 둥글어진 것 같다. 물론 그런 평가는 독자가 해야 하는 것이지만 책을 엮으려고 다시 읽다 보니 그런 느낌이 들었다.

수필을 써 온 지 40년이 넘었지만, 아직도 책을 내려고 다시 읽어보면 흡족한 작품을 선뜻 찾아내기 힘들다. 그래도 일단 세상에 내놓은 삶의 편린들을 마냥 방치할 수는 없어 독자들 앞에 한 권의 책으로 바치고자 한다.

이번에도 정성스레 책을 엮어 주신 교음사의 강석호 회장님과 수필문학 강병욱 발행인께 감사의 인사를 드린다.

올해의 수필인상 수상의 기쁨을 담아 이 책은 사랑하는 아들과 딸 남매에게 먼저 전하고자 한다.

2018년 4월 초하루 덕산서재에서

오경자

| 오경자 수필집 |

그때는 왜!

1부 그때는 왜 몰랐을까

2부 33살의 치기

3부 경복궁에서 만난 행운

4부 국향에 취한 욕심

5부 고향하늘 그리며 가셨습니까?

6부 봄비는 희망을 싣고

7부 평화를 만드는 사람

1

그때는 왜 몰랐을까

그리움에 색깔이 있다면

머지않아 꽃망울이 터지기 시작하고 온 천지가 함성을 지르듯 깨어날 터인데 그 봄의 부르짖음을 들어낼 자신이 없다. 귀를 틀어막아 볼까? 광속으로라도 꽁꽁 숨어 버릴까? 매화가 남녘을 감미롭게 감싸 안고 올라 온 지는 어느새 한 달쯤 지났고 산수유가 지리산의 하늘을 덮고 지나간 것도 수일 전 일이다. 도심의 거리에는 미화원들의 손끝에서 무더기로 봄꽃이 선을 보이고 있지만 그런 것들은 별로 신선하지 않아 그냥 보고 지날 만하다. 이제 며칠 후면 목련이 하얀 향연을 벌이고 개나리가 노란 족자들을 내다 걸 것이다. 자신이 잊히기라도 하면 큰일이라는 듯이 진달래가 산야를 물들이며 분홍색 잔치판을 벌이면 온갖 꽃들이 앞 다투어 피고 신록은 아기 잎새를 부지런히 틔워내며 훗날을 기약할 것이다. 벚꽃이 한바탕 온 천지를 휘감고 사람들을 불러내어 꽃길을 걷는 재미를 만끽하게 해 줄 것이다. 복사꽃 살구꽃이 나도 질까보냐는 듯이 요염한 자태를 드러내면 벚꽃은 싱거워서 못 볼 지경에 이른다. 이런 봄의 향연에 어김없이 초대 되련만 그것들을 즐기기는커녕 주체할 자신이 없다.

멀쩡하다가 갑자기 입원해서 한 달 반 쯤 애를 태우게 하더니 애간장 다 말려 놓고 훌훌 떠나버린 남편, 그와 더불어 이런 봄 잔치에 마흔 번이나 초대 되었는데 이제 홀로 이 봄을 맞이해야 하다니 도무지 실감이 나지 않는다. 진해 벚꽃 밭에, 광양 매화 밭에, 용인 살구 밭에, 개나리 휘늘어진 남산 길에, 진달래 곱게 핀 안암캠퍼스에 이제 그가 없이 홀로 서야 하다니, 어디 그뿐인가, 렌터카를 몰며 함께 달리던 제주의 유채밭 길은 지금도 눈이 시린데 사람만 흔적 없이 사라져 버렸다. 그와 함께 걸었던 진도의 갯벌은 올해 3월 보름에도 어김없이 바다 길을 열어 환하게 웃고 있는데 이제 누구와 함께 그 길들을 걸어본단 말인가? 이제 방법은 딱 하나밖에 없다. 빨리 더 좋은 그의 새집에 올라가서 더 아름다울 그곳에서 거니는 것이다. 하지만 그 시간은 정하실 분이 따로 계시니 기약 없이 그리움은 가슴에 묻고 무심히 지나가는 수많은 사람들의 짝 있음을 부러워하면서 살아갈 수밖에 묘수가 없다.

요즘은 왜 그렇게도 함께 다니는 노부부들이 많은지, 여자의 수명이 훨씬 길어서 대략 10여년 이상을 여인 홀로 살다 죽는다는 것이 통계상 평균치라는데 세상에는, 아니 내 눈에는 온통 정답게 지나가는 노부부의 모습만 가득히 비치니 서러운 일이다. 이 봄을 가슴으로 앓으며 지내다가 철쭉이 산야에 피를 토하면 붉은 침을 뱉을 것 같다. 소쩍새 우는 밤

피울음을 삼키다 못해 쓰러져 선잠이 들면 꿈길에 찾아와 손잡고 걸으려나, 꿈에 조차 찾아오지 않는 매정한 사람이 왜 이렇게도 보고 싶은지 모르겠다. 그리움에 색깔이 있다면 지금의 이것은 어떤 빛깔일까? 9살 때 아버지를 공산당에게 빼앗기고 난 후의 그리움은 지금도 새빨간 선혈 빛깔이라면 스물여덟 노처녀가 어머니를 졸지에 잃고 난 후의 그리움은 서러운 옥잠화 꽃 색이었다. 지금 이 노처의 그리움은 들국화의 보라빛깔 같은 것이 아닐까 싶다. 아버지의 것처럼 격하지 않고 어머니의 것처럼 서러운 것하고는 아주 다른 야릇한 그리움의 정체를 다 알 수는 없지만 마음껏 다 해 주지 못했던 것에 대한 회한이 가슴을 아리게 한다.

아버지가 한번만 찾아와 주었으면 좋겠다고 바라는 것은 아버지를 많이 닮았다는 어머니 말씀대로 꽤 괜찮다고 칭찬 받을 것 같아 그 뺨에 볼을 부비고 싶어서 일지도 모른다. 어머니가 보고 싶은 것은 이제 여인으로서의 어머니 마음을 알 것 같다는 고백을 해 드리고 싶어서이다. 이제 남편이 그립고 한번만이라도 좋으니 기회가 주어진다면 정말 그가 원하던 일들을 기쁜 마음으로 해주고 싶어서이다. 어차피 실현 될 수 없기에 고운 마음씨가 총동원된 것 아니냐고 비아냥댄다 해도 할 말은 없다. 정말 그런 것인지도 모르니까. 부부가 무엇일까 생각해 본다. 지금 와 생각하니 오직 함께 하는 사람인 것을, 곁에 서로 살아있는 것으로 이미 그 역할이 다 되는 관계인 것을 어찌 그렇게 바라는 것도 많고 기대치는 왜 그리도 높게 잡아놓고, 감사하고 칭찬 할 줄 모른 채 네 번씩이나 변하는 강산을 못 본채 부족하다고 자학 하며 살았는지 후회막급이다.

봄꽃이 하늘 가득 꽃비를 내리는 날 가슴에 서러움의 비가 아닌 감사의 비를 준비해야겠다. 증오가 아닌 보랏빛 고운 그리움 속에 살아남도록 좋은 남편을 40년씩이나 곁에 허락하셨던 하나님께 감사의 기도를 올릴 수 있게 되기를 빌어본다. 목련 봉오리가 금세 터지려나 보다 한껏 부풀어 봉싯하다. (2011. 3.)

왜 그때는 못 했을까?

60년대 노래가 처량하게 가슴을 파고들더니 70년대의 조금은 경쾌한 노래로 이어지는 가요무대에 붙잡혀 앉은 것이 아마도 반 시간은 넘은 듯하다. 한술 더 떠서 노래도 따라 부르며 그 속에 빠져 가는 자신을 발견하면서 고개를 갸웃거린다. 이 재미있는 프로를 왜 그렇게 외면하고 사생결단을 하듯이 채널 싸움을 벌였더란 말인가? 그렇게도 좋아하던 것을, 같이 앉아 보면서 지금처럼 노래도 따라 부르고 마주 보고 웃으며 손도 맞잡고 정답게 시간을 보냈으면 얼마나 좋았을 텐데 그 좋은 때 왜 그렇게도 미련을 떨고 마루에 따로 나가서까지 원하는 다른 프로를 보느라 홀로 남겨두었는지 후회막급이다. 이제 아무리 보고 싶어서 몸살을 해도 그는 다시 볼 수 없다. 그것 보라는 듯 거울 앞에서 빙긋이 웃고 서 있을 뿐이다.

사람의 한평생이 길다면 길고 짧다면 짧은 것이지만 지나고 보니 훌쩍 지나가 버린 느낌이다. 아무리 수명이 길어졌다고 해도 "인생칠십고래희"(人生七十古來稀)는 아직도 유효하다고 생각하면 위로가 될 수도 있겠지만 아무리 생각해도 너무 일찍 떠나갔다는 생각을 떨쳐 버리기는 그리 쉽지가 않다. 있을 때는 왜 그렇게 자꾸 부르냐고 귀찮아했는데 어째서 이다지도 보고 싶은지 알다가도 모를 일이다. 냉장고에 다 해 놓은 반찬 그것도 좀 못 꺼내 먹느냐, 내가 당신 밥해 주려고 세상에 태어난 줄 아느냐?, 남들은 밥도 잘 지어서 마누라에게 주기도 한다던데 그렇게는 못 하나마 가스 불에 냄비를 얹어서 끓이기만 하면 되는데 왜 못 차려 먹고 나를 들어오라고 전화를 거느냐? 내가 놀고 앉아 있는 줄 아느냐? 이런 대화가 아마 우리 부부 대화의 절반은 아니었을지, 남들은 100살도 사는데 겨우 72해도 못 채우고 떠날 사람을 좀 잘해 줄걸, 이런 회한이 밀려오기 시작하면 한없이 깊은 수렁 속으로 몸이 빨려 들어가는 기분이다.

방문을 열고 환하게 웃으며 들어선다. 반사적으로 일어나 옷을 받아주고 이불 옆 자락을 걷어주며 따뜻한 이불 속으로 파고든다. 발가락이 노곤하게 녹고 눈이 게슴츠레하게 풀리기 시작한다. "나 혼자만이 그대를 사랑하며 /영원히 영원히 행복하게 살고 싶소/" 남편의 애창곡 18번이 귓가를 스치는 순간 정신이 들어 눈을 번쩍 뜨니 눈앞에 사진만 웃고 있다. 애꿎은 베개만 끌어안고 "미안해, 잘 못했어 당신 그렇게 아픈데 나는 잠만 자서 미안해" 너무 아파서 자살한 어느 여자가 생각난다던 남편의 얼굴이 떠오르며 얼굴은 흠씬 젖고 있다. 이렇게 보고 싶은데, 나이 70이 다 되고 40년도 넘게 살고서도 이렇게 억울하고 분하고 보고 싶은데, 서른여덟에 아버지를 뺏긴 어머니의 핏빛 그리움을 전혀 짐작도 못 했던 미련함이 한없이 후회스럽다. 어머니에게 그런 마음조차 갖지 못했던 것에 대한 미안함이 가슴 가득 밀고 올라왔다. 아이들 걱정은 고사하고 다 자라서 그 애들이 내 걱정을 하게 됐는데 아무 책임도 없고 나 살일 밖에는 없는데 이렇게도 그리움에 떨고 있는지 때로는 치사하다고 자신을 몰아세우며 마음을 다잡아 보려고 무진 애를 쓰건만 항상 이 꼴이다.

물론 엄마는 아버지의 생사를 몰랐으니까 그렇기도 했겠지만, 아버지가 한 번만 살아와서 잘 자란 당신 딸을 함께 쳐다보고 갔으면 좋겠다는 푸념을 주문처럼 입에 달고 살았다. 그때 마다. 듣기 싫다는 말로 어머니의 넋두리를 잠재워서 어머니가 설움의 수렁으로 빠지면서 벌이는 슬픈 잔치를 일찍 차단하려 애썼다. 그러는 어머니가 가여웠지만 때로는 칭찬으로 들려 어깨가 으쓱하기도 했고 어떤 때는 반대로 또 저 소리 하면서 짜증이 밀고 올라오기도 했다. 남편이 없어졌다는 것이 이토록 자존심이 상하는 일인 줄을 예전엔 정말 상상도 하지 못 했다. 석 달 전 남편이 생과사의 기로에서 싸우고 있을 때 세브란스 병원의 단풍은 왜 그리도 고와서 사람을 미치게 하는지, 늙은 나이에도 만약에 떠나보내게 될지도 모를 남편에 대한 생각이 이토록 애틋하고 도저히 떠나보낼 수 없는데 38살 젊은 여인이 전쟁 중에 남편을 인민군 손에 끌려 보내고 영이별을 당했으니 9살 계집아이 하나 데리고 어떻게 그 무서운 난리를 치르고 홀로 피난길을 떠나 딸을 대학 공부까지 시켜 줄 수 있었더란 말인가? 그런 것을 그 전에는 얼마나 어렵고 고마운 일이었나를 왜 심각하게 생각도 못해 보고, 더구나 남편 없이 사는 일이, 아니 그 세월이 얼마나 아팠으리라는 생각을 여인의 가슴으로 단 한 번도 미루어 짐작조차 해 드려보지 못했는지 그 미련함에 가슴을 치며 반성문을 쓰고 또 쓰면서 헤매고 다녔다. 피를 토할 듯 붉게 물든 단풍이 그 때처럼 처연하고 원망스럽게 까지 느껴졌던 것도 평생 처음이었던 것 같다. 여인으로서의 아픔과 고통을 단 한 번도 연결 지어 엄마를 생각해 본 적이 없었던 이 바보 같은 딸을 용서해 주시라는 반성문을 입으로 쓰면서 그동인 혼자 됐던 여러 친구들 얼굴이 떠오르며 그 세월을. 꽃다운 젊은 날을 어떻게 보냈느냐며 몰라줘서 미안하다는 말을 주문처럼 주절대고 돌아다녔다. 그러는 모양새를 누가 지켜보았으면 참으로 가관이었을 것이다. 멀쩡하던 사람이 당 조절이 좀 안 되어 병원에 갔다가 그 정도 문제가 아니라 간이 굳었다는 청천벽력의 선언을 들은 지 45일 남짓한 단기간에 하늘 문을 열고 들어가 버렸으니 그간의 이야기야말로 다 할 수가 없다. 분초를 다투는 생과 사의 갈림길에 선 사투는 45일을 45년이나 산 것 같은 착각 속에 빠지게 했다. 갑자기 당한 상실은 마치 아이가 애지중지하던 장난감을 믿었던 부모 손에 빼앗긴 것과 같을 것이라고나 하면 설명이 되려나? 아무튼 그 야릇한 배신감과 도무지 잊혀 지지 않는 그리움은 어떻게 주체할 수가 없다.

다 그런 거지 뭐 / 다 그런 거야/ 그러길래 미안 미안해/ 가요무대의 끝 곡이다. 그래 다 그런 거지 뭐, 인생이 다 그런 거지 뭐, 여보 당신 마음 헤아리지 못하고 역사극만 보느라고 가요무대를 함께 즐기지 못한 것도 미안해, 모두 다 미안해 당신 가고 나니까 다 내 잘못뿐이었어 온통 다 세상이 내 잘못뿐이었던 거야 미안 미안해. 그때는 왜 몰랐냐고? 그러게나 말이야. 여보 보고 싶어.

(2011. 3.)

그래 그것이 진실일지도

연민의 정이 도무지 없다. 친구 남편이 운전사까지 붙여 준다는 차를 얻어 타고 가야 되는 길이라 가뜩이나 샘나서 죽겠는데 고작 전철역까지 태워다 주면서 일찍 오라느니, 약속에 늦었다느니, 뭉그적거릴 때부터 알아보았다느니 하고 속을 긁어댄다. 아니, 뭉그적거리다니? 자기 저녁 먹을 것 준비해 놓느라고 진땀이 버적버적 났구먼, 게으름을 피웠다고 핀잔이니 기가 막힐 노릇이다. 밥통에 밥 있겠다, 냄비에 국 있겠다, 그것들 꺼내 먹으면 될 것을 기어이 호박잎을 강된장에 싸 먹겠다기에 빠듯한 시간에 그것을 해 놓고 나오느라고 늦어서 마음이 급해 죽겠는데 애들처럼 비위를 건드린다.

돈복도 남편복도 다 제 복 나름인 것을 알지만 내가 호강하지 못하는 것은 바로 저이 때문이라는 생각에서 영 놓여나올지 모르는 내게 매번 이런 식으로 섶에다 불씨를 던져대는 저 사람, 그가 바로 남편이다. 젊어서는 애들이 어리니까, 이것들이 무슨 죄가 있나? 부모 믿고 이 험한 세상에 태어났는데 잘 길러주어야지, 내 불편은 접어두고 이 아이들 다 기른 후에, 그때 갈라서는 거다. 이러기를 수십 번, 주문 외듯 하고 살았다. 자존심이라는 요물 덕에, 아무렇지 않은 듯 위장하고 사는 일에는 성공을 해서 내 속내를 아는 사람은 거의 없다.

이제 아이들 다 길렀고 아들은 일찍 장가들어 손자 손녀를 고루 1명씩 안겨 주어 눈에 넣어도 아프지 않을 재롱을 보고 있으니 더 바랄 것이 없다. 딸이 시집을 아직 안 가서 숙제를 다 하지는 못했으나 그래도 제 앞가림을 하고 사회의 중견이 되어가니 그 또한 내 할 일을 못 했다고는 할 수 없다. 그러고 보면 지금이야말로 갈라서도 아무 문제가 없는 때가 온 것이다. 나누어야 할 연금도 남아 있는 게 없으니 계산이나 절차가 복잡할 것도 없다. 그런데 이게 무슨 심사란 말인가? 또 핑계가 꼬리를 물며 발목을 잡는다.

돈이나 많으면 몰라도 돈이 없으니까 버리고 가는 것 같아서 치사해 보이는 게 싫다. 시아버지 홀로 남기고 나가면 며느리가 제 남편을 볶아서 우리 아들이 이혼당하면 어쩌나? 딸이 아직 미혼인데 혼삿길 막을 일 있나? 등등의 이유로 머뭇거리고 앉아 있는 모양새가 우스꽝스럽기 그지없다. 젊어서는 내가 나가고 나면 어떤 여자가 들어와서 잘 살까 봐, 그리되면 내가 복 없고 문제 있는 여자가 될 테니까 그게 겁이 나서 결행을 못 한 것이 주된 이유였는데 이제야 그런 염려는 붙들어 매어도 된다. 저 나이에 재혼 하려면 작은 아파트 한 채는 등기를 해 주어야 여자가 온다는데 그렇지 못하니 이럴 때는 돈 없는 게 깨소금 맛이다. 하기야 젊었을 적에 이혼 당할 만큼 흠이 있거나 실수를 한 것도 아니다.

모르긴 해도 우리나라 보통 여자들이 상황이야 조금씩 다르겠지만 거의 이런 넋두리를 하면서 평생을 조강지처로 잘 늙어가고 있는 것은 아닐는지. 여성들에게 강의를 할 때 혼인 하고 1년 안에 이혼 생각 한 번도 안 해 본 사람이 있다면 정신이 좀 이상하거나 문제 있는 사람 아니겠느냐고 했더니, 강당이 떠나갈 만큼 박수를 치면서 맞다고 고개를 끄덕이곤 했다. 그때 나만 억울한 것을 참고 사는 것이 아니구나 하는 생각이 들어 마음이 좀 풀리기도 했다.

혼인이란 것을 하고 보니 아내라는 자리가 뭐 대등은 고사하고 문서 없는 종이고, 남편과 시댁이 옥상이라면 아내는 지하실 바닥보다 밑에 있어야 집안이 편안했다. 게다가 더 못 견딜 일은 나 자신의 일을 하는데 가정이 그렇게 큰 걸림돌이 될 줄은 미처 몰랐다. 밤잠을 줄이는 것으로 밖의 활동을 보충하려 해도 역부족이었다. 그 중에 더 힘들고 자존심 상하는 것은 직업과 직접 관계된 활동, 즉 경제적 소득을 가져오는 직접적인 일만 양해가 되지 그 외의 활동은 어떤 일이든지 안 하면 어때, 안 가면 어때가 남편을 비롯한 온가족의 생각이고 시선이었다.

이런 발목 잡기가 70을 바라보는 지금까지도 조금의 변화도 없이 그대로 이어지니 40년 묵은 생각을 또다시 떠올리지 않을 수 없는 것이다. 그래, 내일 날만 밝으면 결행하자, 오른쪽 귀에서 속삭인다. 에이, 이제 얼마나 더 살겠다고 흉하게시리. 쯧쯧쯧···왼쪽 귀에서 속삭인다.

그래 우리 전통은 왼쪽을 높이 치니까 왼쪽귀의 속삭임을 듣기로 하자. 자식들에게 쥐뿔도 남겨 준 것이 없으니 걱정거리도 던져 주지 말자.

지하도 입구에 나오니 어느새 친구 차가 기다리고 있다. 그래 아무렇지 않은 척 연기를 잘하는 거다. 이 세상에서 가장 편안한 사람처럼, 하기야 그것이 진실일지도 모른다. (2009. 8.)

삼식이를 아시나요

요즘 삼식이라는 말이 유행한다는 말을 듣고 일나나 삼식이 매운탕을 즐기면 그런 별명이 붙었겠냐고 했다가 푼수 취급을 받은 적이 있다. 답인즉 하루 세끼를 집에서 꼬박꼬박 챙겨 먹는 사람이라나? 자신이 해결 하는 것이 아니라 마나님이 세끼를 다 차려다 바쳐야 되는 사람의 별명이란다. 이쯤 되면 웃을 수도 울 수도 없는 심정이 된다는 것이 솔직한 고백이다. 어쩌다가 우리네 가정문화가 이 지경 까지 왔단 말인가? 하기야 여자가 꼭 해 주어야만 먹을 줄 아는 남정네가 문제이기는 하지만 그래도 가족의 소중함이 너무 외면당하고 가치 없이 여겨지는 것 같아 마음이 편치 않다.

집에서 밥 세끼 차려 달라고 하다가는 쫓겨나기 십상이라는 남편들의 넉살을 들으면서 과연 여성의 자리가 가정에서 이 정도에 와 있단 말인가 싶은 의구심이 고개를 든다. 옛날에 비해 눈곱만큼 나아진 여성의 인간 회복을 놓고 너무 호들갑을 떨고 있는 것 같다. 이사 갈 때 60대 남편은 자기를 안 데리고 갈까 봐 이삿짐 차 조수석에 일찌감치 앉아 있어서 그것을 모르는 가족들이 찾느라고 법석이라는 우스개가 나온 지는 한 20여 년 전 일 인가보다. 그러더니 요즘은 아예 이사 얘기만 나오면 수첩과 볼펜을 찾아 들고 눈치를 살피며 숨을 죽이고 앉아 있다는 내용으로 바뀌었다. 떼어 놓고 가면 주소를 알아야 찾아갈 테니 미리 준비한다는 얘기다.

아직도 한 오백 년 남성들 지위가 끄떡없을 정도로 모든 분야에서 기득권을 누리고 있으면서 아주 조금 발전한 여성의 형편을 놓고 이렇게 야단이다. 얼핏 들으면 여성이 가정에서의 지위가 꽤 높아진 것 같아 보이지만 실은 남성들의 비아냥 소리가 엉뚱하게 포장되어 여론을 호도하고 있을 뿐이다. 노숙자에게 집을 나온 이유를 물었더니 아침 차려 달랬다가 아내에게 쫓겨났노라, 간식 좀 달랬다가 그리되었다, 등등 이고 그 이유들이 연령대별도 다르다는 것이다. 젊을수록 아주 당연한 요구를 했다가 봉변을 당했다는 얘기들이다. 이런 풍자들을 듣고 이제 역할을 좀 분담해 주어야겠다는 건설적인 생각이 드는 것이 아니라 여자들이 참 거세지고 막돼 간다는 생각들만 팽배해 있으니 가정만 병들게 만드는 역기능만이 난무할 뿐이다.

수명이 길어지고 핵가족화가 심해져서 거의 모든 노인들이 자신들의 문제를 손수 해결해야만 하는 것이 우리네 형편이다. 70이 넘은 아내들이 여자라는 이유 하나 때문에 혼자 부엌에서 헤어나지 못하고 남편의 세끼 식사 수발을 들어야 하는 일은 사실 엄청난 분량의 일이다. 그런데도 우리네 남편들은 아직 식사를 함께 준비해서 먹는 일에 익숙하지 못하다. 아니 전혀 생소한 얘기로만 들릴 뿐이다. 세끼를 집에서 먹을 수밖에 없는 것은 그들의 호주머니가 가볍기 때문이다. 일자리는 고사하고 소일거리조차 아예 꿈같은 일이고 보면 삼식이가 등장 할 수밖에 없는 일이다.

중년에 남편을 먼저 보낸 친구들이 혼자 밥 먹는 일이 제일 고역이었다며 말끝을 흐리던 생각이 난다. 함께 밥을 먹을 반려가 있다는 것이 얼마나 소중한 일인지, 감사한 일인지 알지 못하고 하루 세끼 밥 차리기가 귀찮기만 한 것은 우리가 보통 사람들이기 때문이다. 없어지기 전에는 그 소중함을 모른다. 밖에서 모임이 있어서 회식을 하고 들어 간 날 남편이 집에 있으면 무슨 죄라도 지은 사람처럼 옷도 벗지 못하고 외출복 차림으로 허겁지겁 저녁을 차리노라면 속에서 신세 한탄이 저절로 나오기 마련이다. 그럴 때 시어머님이 하시던 말씀이 생각나서 빙긋이 웃음이 나온다. "이 집 남자들 젓가락도 못 갖다 먹지." 이상하게도 그 말이 떠오르는 순간 아이고 내 팔자야, 하던 속에서의 넋두리는 감쪽같이 사라지고 이미님 생각이 난다. 어떤 때는 일손을 잠시 멈추고 픽픽 거리며 웃다가 남편에게 들키기라도 하면 왜 상 차리다 말고 웃느냐며 이상해 한다. 자고로 남의 집 며느리는 배가 고파야 한다는 옛사람들의 말이 어찌 그리도 딱 맞는지 모르겠다는 것이 우리 어머님 말씀이었다. 더운 여름날 할 수 없이 저녁을 지으러 일어나는 내 무거운 몸짓을 보시며 하시던 말씀이다.

아들이 장가든 후에 가장 걱정스러운 것이 아침밥을 얻어먹고 다니는가? 하는 것이었다. 나뿐이 아니라 요즈음 신식 시어머니들이 공통으로 갖고 있는 걱정이다. 그들은 며느리에게 물어보거나 강요할 수 없다는 교양(?)의 명령 때문에 속으로 끌탕만 하기 십상이다. 아들이 아침밥을 먹고 다닌다는 것을 알았을 때 며느리가 얼마나 예뻐 보였는지 모른다. 우리 때는 당연했던 일이 왜 그렇게도 신통하고 고마운지….

남은 반찬도 계속해서 그냥 먹자고 할 수 있는 사람, 그게 바로 남편 아닌가? 삼식이 이식이 하지 말고 사랑으로 밥상을 차려 볼 일이다. 이제 차린들 얼마나 차리겠는가? 아무리 오래 산다 한들 그동안 차린 밥상의 절반도 못 차릴 텐데 투정하지 말고 차려 먹자. 아마 나만큼 밥상 차리며 속으로 불퉁거린 사람도 흔치는 않을 테니까 속죄하기 위해서라도 웃음으로, 기쁨으로 밥상을 차려보자 작심삼일이면 어떠랴 날마다 작심하면 항상 즐거운 식탁을 가운데 두고 남편과 마주 보며 웃을 수 있는 행복이 내 것이 되지 않겠는가?

삼식이를 아시나요? 삼식이 매운탕을 맛있게 먹을 줄을 알지요, 이제 잘 끓이는 비법을 배우러 강원도에 다녀와야 할까 봅니다.

(2009. 8.)

남부러움

자기가 무엇인가를 가졌을 때는 그 가치를 잘 알기가 어렵다. 어떤 기회도 자신이 누릴 수 없게 됐을 때 비로소 눈물 나게 소중함을 절감하게 된다. 항상 부족하다고 느끼며 불평을 늘어놓으면 그래도 남부러움은 받고 사는데 웬 욕심이냐 던 시어머님 말씀이 생각난다. 물론 그때는 그런 소리를 듣는 자체가 울화통 터지는 일이었지만 지금 생각해 보면 기막히게 적중한 지적이었다.

지하철에 앉아 있는데 한 부인이 들어와서 앉는다. 조금 있더니 벌떡 일어나서 앞의 객치로 옮겨 가면서 그냥 앉아 있지 오라고 난리냐고 푸념을 하며 건너간다. 그 순간 눈물이 콱 솟아오르며 그렇게 부러울 수가 없다. 항상 같이 다닐 때는 몰랐는데 부부가 함께 다니며 티격태격 하는 것이 이토록 부러울 줄은 몰랐다. 남부러움은 받으며 사는데 왜 그러냐 던 시어머님 말씀이 가슴을 찌른다.

6.25전쟁 중에 아버지는 납북되고 집은 넓은데 무사하니까 9.28 수복 후에 아버지 어머니 친구 분들이 우리 집에 와서 살았다. 모두들 집이 불에 타서 없어진 터라 우리 집은 고급 수용소같이 된 셈이다. 저녁이 되어 아버지들이 퇴근해 올 때면 어린 가슴은 천 갈래 만 갈래로 찢어지는 듯했다. 마당에서 같이 놀다가 아버지 하며 아버지 목에 매달리는 친구들을 보면서 울상이 되던 어린 소녀는 겨우 9살이었다. 세상에 태어나서 남이 부러웠던 첫 번째 경험이 아닌가 한다. 좋은 부모 밑에 태어나서 너무 많이 누리고 살아온 터라 별로 남부러움을 못 느끼고 지내온 어린 시절이었다. 자라면서는 체념을 했던지 어쨌든지 그렇게 가슴 아프게 아버지 있는 애들을 항상 부러워하면서 가슴앓이를 하지는 않고 지냈다. 가끔씩 혼자 피눈물을 흘리면서 그리워하는 것이야 어쩔 수 없는 일이었지만 말이다.

성격이 낙천적인 편이어서 별로 내게 부족한 것에 대해서 남을 부러워하면서 자신을 학대하고 살지는 않았다. 그러다가 혼인도 하기 전, 스물여덟 살에 어머니를 홀연히 잃었다. 그 후로는 모녀가 정답게 지나가는 모습만 보아도 눈물이 나고 한동안 평정심을 잃을 정도로 부러웠다. 이것이 두 번째 부러움의 경험이었다. 나이가 들어갈수록 그 그리움은 더 깊이 사무쳐왔다. 그래도 시부모님이 구존하고 계셔서 조금은 아픔을 희석시키며 살 수 있었다. 세상을 살면서 남부러울 일이 어디 한두 가지일까만은 가진 것에 감사하며 자족할 줄 알아야 한다고 자기최면을 걸어가며 잘 극복하고 살아왔다.

이제 남편에게 푸념을 해가며 그 곁으로 가는 저 늙은 아낙이 눈물

나게 부러운 신세가 되었다. 남들과 크게 비교해가며 고개를 떨구고 살지는 않았지만 늘 불만이 떠나지 않았다. 오죽하면 시어머님이 남부러움은 하고 살면서 왜 그러느냐고 하셨을까? 남편이 곁에 있다는 사실 자체가 남부러움의 대상임을 그때는 몰랐다. 이제 그것을 깨달았을 때는 이미 그는 이 세상에 없다. 있을 때 잘해 라는 유행가를 들으면서 그저 그런 소리로 심상히 넘겼지 이렇게 고개를 크게 끄덕이지 않았다.

당뇨가 있기는 했지만, 관리 잘 하고 멀쩡하던 사람이 갑자기 문제가 생겨서 입원한 지 약 50일 만에 연기같이 사라져 버렸다. 어떻게 말로 다 할 수 없을 만큼 치열하게 투병하다 갔다. 살릴 수 있으리라고 믿고 혼신의 힘을 다해 기도하고 매달렸다. 꼭 살아날 줄 알고 모든 방법을 다 써 봤다. 현대의학이 할 수 있는 모든 치료는 다 했다. 간 사람도 남은 우리도 여한은 없다. 그런데 허망하고 믿어지지 않아 지금도 실감이 잘 나지 않는다. 그래서 오히려 평안하기까지 하다. 마음의 정체가 어떤 것인지 잘 모르겠다. 이제 큰 부러움의 대상 하나가 늘었다는 현실 이외에 무엇이 어떻게 달라졌는지 모두 다 실감이 나지 않는다.

아무리 해보고 싶어도 아버지의 따가운 수염 볼에 얼굴을 비벼 볼 수 없었듯이, 어머니의 따스한 가슴에 안겨 볼 수 없었듯이, 이제 말없이 어깨에 얹히는 남편의 손을 다시는 잡아볼 수 없다는 것이 가슴을 무너뜨리고 있다. 남편 곁으로 갈 수 있는 날, 그 시기는 내가 알 바 아니지만, 이제 더는 내게서 남부러움의 대상을 뺏기지 않고 여생을 보내고 싶다. 그 복만은 허락 받았으면 좋겠다. 아니 꼭 그래야 한다. 더 이상 상실은 싫다. 이겨낼 자신이 없어서이다. 가진 것을 눈물 나도록 소중하게 아끼며 살아볼 일이다.

(2011. 3.)

상사화

만나고 싶은 사람을 못 만날 때 속이 탄다고 말한다. 사랑하는 님을 만나지 못할 때도 그렇게 말한다. 그리움에 지쳐서 울다 지쳐서 꽃잎은 빨갛게 멍이 들었소, 1960년대에 히트하여 장장 반세기 가까이 가슴을 파고드는 애창곡으로 가히 국민가요라 할 만한 '동백 아가씨'의 한 구절이다. 그래도 동백은 무성한 푸른 잎 속에서 오직 꽃만 붉게 멍들었기에 그런 연고로 그냥 동백일 뿐이다. 그리운 사람을 못 만나는 사람들을 위로라도 하려는 듯 꽃무릇은 영영 푸른 잎을 만나보지 못한 채 기다리다 못해 아련한 자태의 붉은 꽃을 피워내고야 만다. 멍든 가슴을 서리서리 풀어내기라도 하듯 실낱같아 보이는 가녀린 긴 꽃잎들이 모여 작은 꽃을 이루고 그 작은 꽃들이 꽃잎 되어 모여서 한 송이 꽃을 이루고 있다. 마치 큰 꽃

술들이 곱게 늘어진 것 같아 보이는 꽃들이 무더기로 피어 있는 것이 꼭 붉은 비단 한 폭을 깔아 놓은 것 같다.

추석을 전후해서 피어나는 꽃이 지고 나면 잎이 나오기 시작해서 나무들이 낙엽 질 때 홀로 푸른 들판을 이루어 또 한 번 가슴을 설레게 한다. 저 푸른 잎을 눈밭에서 처음 만난 달밤에 차마 발을 떼지 못하고 서 있다가 발이 어는지도 몰랐던 때가 12, 3년 전이었나 보다. 그때부터 꽃을 보러 오리라고 벼르다가 오늘에서야 꽃 앞에 섰다. 꽃 모양이 처연해 보여 그 고운 모양을 둔필로는 표현해 낼 수가 없다. 추석 직전이라 틈을 내기가 어려워 매년 기회를 놓쳤는데 올해는 굳게 마음먹고 기다리다가 꽃 만남 남행을 감행 할 수 있었다. 추석이 일찍 들어서 꽃이 추석 후에 피었기에 오늘 이렇게 붉은 비단 바다 앞에 서게 되는 행운을 잡을 수 있게 된 것이다.

꽃무릇이 본명인 이 꽃은 꽃과 잎이 서로 만나지 못한다 하여 사람들이 상사화라는 별칭으로 불러주어 그것이 본명을 눌러 버렸다. 꽃은 상사화, 잎은 상사초로 불리면서 사람들의 가슴을 공연히 쥐어뜯기도 하고 돌멩이 던져진 호수처럼 울렁거리게 만들기도 한다. 이 꽃의 뿌리인 무릇은 마늘 모양을 한 단단한 구근으로 춘궁기에 죽을 끓여 먹던 구황식품이었다. 원래 중국 산동에서 살던 꽃이 건너온 외래화이다. 산동성에서 시집온 처녀를 따라 왔다는 전설을 지니고 있기도 하다. 잎이 있어 꽃이 피고 꽃이 있어 열매를 맺는 것이 보통 식물의 이치이거늘 무슨 연고로 잎과 꽃이 만나지 못하는 꽃이 있어 이다지도 사람의 마음을 공연히 설레게 하는 것인지 알다가도 모를 일이다.

선운사 들어가는 길섶에 서럽게 피어있는 상사화는 제 운명을 웅변이라도 하겠다는 듯이 음지에만 자리 잡고 앉아서 보는 이를 더 가슴 저리게 만들며 청승을 떨고 있다. '만나지 못하는 꽃' 이름 하여 불봉화(不逢花)라 함이 어떨는지. 사랑하는 남녀가 서로 엇갈리며 못 만나서 보는 이를 애타게 하는 것은 연애소설의 정석쯤이 아닐까 모르겠다. 이보다 더 가슴 아픈 일은 마음대로 오갈 수가 없어 엇갈려 보지도 못하는 일이 아닌가 한다. 분단의 비극을 안고 사는 우리네 속에 있는 이산가족들의 신세가 그와 같다는 생각에 뜨거운 불화로가 새삼 불을 지펴낸다. 아버지를 빼앗기고 북녘 하늘만 바라보다가, 생사를 알 수 없는 지아비를 열아홉 해 동안이나 기다리다가 이슬처럼 스러져간 어머니 그의 병명은 아마도 상사병이지 싶다.

어머니처럼 전쟁 통에 적군이라는 사람들에게 포승줄에 묶여 끌려간 남편을 속수무책 기다릴 수밖에 없었던 납북 생과부의 설움도 크지만, 북에 가족을 남겨둔 채 잠시 난리를 피하리라 가볍게 생각하고 고향을 떠나왔다가 영영 길이 막혀 북녘 하늘만 쳐다보며 가족의 생사를 몰라 애태우는 실향민들의 아픔도 당해보지 않은 사람은 모른다. 바늘구멍만큼 길이 열리는가 하여 가슴 설레었지만, 근본적 해결이 아닌지라 이산가족 상봉문제는 여전히 기상도가 개었다, 흐렸다 한다. 납북인사의 가족 문제는 그중에서도 맨 뒷전이지만 어머니가 이승을 떠난 후라 그 문제에 가슴을 끓이지 않아도 되었다. 아버지의 연세가 이미 이 세상에 계시기 힘들 정도의 고령이라는 것이 나를 조금은 평온하게 만든 이유였을 것이다.

7.4 공동성명이 발표되고 북측 대표가 서울에 첫발을 딛던 날 통일로 변에서 그들의 서울 입성 모습을 보면서 통곡하던 내가 막상 이산가족의 첫 상봉 장면을 지켜보면서는 소리 없는 눈물만 볼을 타고 내릴 뿐 또 우느냐는 가족들의 핀잔을 듣지 않아도 될 정도였다. 금세 통일이 될 것 같았을 때는 어머니도 없는데 통일이 되다니 하는 생각에 어머니가 너무 가엾어서 통곡했다. 9.28 수복 바로 그날이 가장 견디기 힘들어서 정말 미치지 않은 것이 천행이라는 어머니의 젖은 목소리가 그날처럼 생생하게 떠오른 적이 없다. 그들이 만나는 장면을 보면서 좋겠다는 생각보다 저들이 또 헤어져야 하는데 그래도 저렇게나마 만나는 것이 나으려나 하는 지레 걱정이 먼저 들어 착잡한 마음으로 지켜보았다. 그렇게 부러우냐며 등을 감싸 안는 남편의 위로에 정신이 들었다. 좋겠다 소리를 마치 주문 외듯 하고 앉아 있기에 방해하지 않으려다가 정신이 어떻게 될까봐 걱정이 되어 끼어들었다는 말이 고맙다. 내 설움을 이해하는 걸 보니 이제 저이도 늙었나 보다.

이제 저승에서 극적인 상봉도 하고 더는 그리워할 것도, 기다릴 것도 없는 처지가 되어 버렸을 두 분이건만 왜 이렇게도 가슴이 저리고 아린지 모르겠다. 등에 얹힌 남편의 체온이 따스하게 진해질수록 가슴 밑바닥이 뜨겁게 치밀고 올라온다. 아마도 이 가슴앓이는 내생에 마침표를 찍는 날에나 완치가 되려나 보다. 남북이 툭 터지는 날 수많은 상사초와 상사화가 서로 잎새와 꽃잎을 찾으려 애쓰는 몸부림이 강토를 또 한 번 흔들 것 같다. 찾다가 끝내 찾지 못하는 꽃잎과 잎새들이 흘리는 눈물로 한강을 덮을 것이다. 기대 할 수 없지만 실낱같은 희망을 걸고 찾아 나서는 그들의 그 가엾은 가슴들을 무엇으로 싸안고 그 뉘라서 그들을 보듬어 분노와 허탈을 잠재울 수 있을까? 그날을 위해 상사화 밭이나 잘 보존했으면 좋겠다.

(2009. 2.)

남편의 모교

기분이 묘하다. 좋으면서도 왜 좀 씁쓸해지는 것일까? 그렇게 가라고 일정을 챙겨 주어도 안 가던 동창회에, 그것도 나까지 데리고 가겠다고 준비 하라니 알다가도 모를 일이다. 동기 동창회에 가라고 하면 손을 한 번 내젓고 전체 동창회에 가라면 두 번 흔든다. 게다가 부부동반으로 오라는 날은 고개 까지 흔들어 대는 저 사람이 오늘은 웬 바람이 불었나? 같이 가자고 준비를 해두라니 웃어야 할지, 손사래를 치며 살던 대로 살자고 해야 할지 얼른 판단이 서지 않는다. 무슨 이유에서인지 남편은 동창회에 가기를 싫어했다. 오죽하면 무슨 죄 지었냐고 몰아세워 보기도 했지만 특별한 이유가 있는 것이 아니라 그냥 마음이 썩 내키지 않았던 모양이다. 그러던 사람이 마음이 좀 달라진걸 보니 이제 할 수 없이 늙었나

보다.

눈앞에 벌어지는 일들을 감당하기도 힘들고 그 일들과 관련돼서 만나야 할 사람만으로도 지칠 정도라면 동창회니 뭐니 하는 개인적이고 친교 이외의 목적이 없는 모임이 귀찮아 질 수도 있다. 아무튼 그 이유는 알 수가 없다. 아무리 같은 방을 쓰고 산들 그 마음속의 생각까지야 어찌 알겠는가? 이제 마음의 여유가 좀 생겼다고 볼 수도 있고, 옛 친구들이 그리워졌다고 볼 수도 있으리라.

학교 운동장에 들어서니 처음 같지 않고 오랜만에 고향에 찾아온 것처럼 아늑하고 낯설지 않다. 북악이 병풍처럼 둘러쳐진 산자락 아래 편안하게 경복이 앉아 있다. 아아, 그가 청운의 꿈을 키운 곳이 여기로구나, 세상 근심 같은 것과는 상관없이 희망만을 가슴에 안고 마음껏 호연지기를 발산하던 곳이로구나. 운동장의 흙 한 줌을 쥐어본다. 따뜻하다. 미운 정 고운 정 다 들이면서 살을 섞고 살아온 반려, 내가 단발머리 날릴 때 몰랐듯이 그 홍안의 소년도 몰랐겠지? 자신이 누구와 평생을 함께 살아갈 것인가를. 날씬하고 눈이 큰 여자를 당연히 자기 짝으로 생각하고 있었을지도 모른다. 나 같이 뚱뚱하고 눈이 작은 여자와 짝 지어진 걸 보면 말이다. 유난히 원하면 반대가 된다지 않던가?

효자골의 내력이 돌비에 새겨져 있다. 이 세대 사람치고는 불효보다는 효자 쪽에 가까운 남편의 인성이 그냥 형성된 것이 아니라는 생각이 들자 참 좋은 학교에 다녔구나 싶어지면서 가슴이 뿌듯해진다. 싸우고 나면 베개를 겨드랑이에 끼고 부모님 방으로 건너가 아기 잠 한 숨을 자고 나와서 언제 무슨 일이 있었냐는 듯이 천연덕스럽게 굴어 화를 더욱 돋

우어 주던 사람, 이제 부모님도 다 떠나셨으니 갈 곳은 빈 방 뿐이다. 젊어서 좀 따로 살아 보자고 하면 부모님과 따로 사는 것은 한 번도 생각해 본적도 없고 자신의 사전에 분가는 없다던 사람, 그 때처럼 단호하게 다른 일도 좀 그렇게 밀어붙여 성취해 보라는 볼멘소리로 언제나 판정패를 당하던 아내도 머리에 서리를 인지 오래다. 한 지붕 밑에 부모님을 모시고 사는 일이 효와 불효의 척도가 된다면 남편은 단연 국민훈장감이다.

운동회는 거의 끝나고 선물 추첨을 하는데 등산화가 뽑혔다. 발 크기에 꼭 맞는다. 산악회에 열심히 나오던 부부회원들이 이제부터 나오라는 뜻이라고 축하해 주는데 얼굴을 들 수 없을 만큼 부끄러웠다. 크게 잘못한 것도 없는데 마치 그 분들의 몫을 가로채고 있는 것 같아 마음이 불편했다. 앞으로는 나가도록 노력하겠다, 내가 바빠서 못나갔다. 미안하다. 등등의 인사로 얼버무리고 앉아 있는데 얼굴이 자꾸 화끈거려왔다. 정말이지 이 등산화를 신고서는 산행에 가끔이라도 나가리라 다짐해 보지만 과연 그럴 수 있을지는 나도 잘 모르겠다.

아들은 못 보냈지만 손자만큼은 꼭 여기 보내고 싶다며 손을 꼭 잡는다. 자기 아들도 마음대로 못해 놓고 무슨 손자를 어디에 보내고 말고를 결정할 수 있겠다고 저런 소리를 하나 싶어 말없이 웃기만 했다. 효자동 길을 따라 내려오던 남편이 발을 멈춘다. 옛날에 이 길로 해서 삼청동 집으로 갈 때 이승만 대통령을 자주 만날 수 있었고 공부들 잘 하라고 격려해 주실 때는 꼭 이웃집 할아버지 같았는데 이제는 그냥 지나다니기만 하는 것도 그 때처럼 편안치가 않다며 하늘을 본다. 그의 시선 따라 하늘을 우러러 한 바퀴 휘둘러본다. 북악의 자태는 언제 보아도 좋지만 오늘의 북악은 어머니 품처럼 아늑하다.

내 동창회도 많은데 어째서 남편의 동창회가 그렇게도 궁금하고 가보고 싶었을까? 호기심만은 아닌 것 같다. 경복의 명성에 편승하고 싶은 잠재의식이 없었다면 오늘 이 흐뭇한 기분을 설명하기 힘들 것이다. 묘했던 아침이 자꾸 웃고 싶은 오후로 이어지고 있다. 북악을 어루만지던 구름 꽃이 칠궁 지붕에 흐드러지게 피어있다. 하늘은 벌판인양 마냥 푸르기만 하다. 지금 마음을 꺼내 볼 수 있다면 잡티 하나 없이 깨끗한 유리알을 닮아 있을 것 같다. 기분의 무게를 단다면 새털이다.

(2010.2)

세월

세월을 비유한 말이 여럿 있지만 요즘 같아서는 세월이 꼭 쏜 화살 같기만 하다. 의학의 발달로 그 과녁이 좀 멀리 옮겨 놓였을 뿐이다. 사람에 따라 다르기는 하겠지만 평균 잡아 한 십년 이상씩 덤으로 시간이 생긴 셈이다. 그래도 덧없기는 매한가지다. 주어진 일이 있어야 신바람 나게 일하면서 그 시간을 즐길 수가 있을 텐데 뒷전에 물러나 앉았는데 시간만 생겼으니 어찌 보면 더 고역이 될 수도 있다. 70대는 노인회관 가기도 쑥스럽다고도 하고 시골 마을회관에서 동네 사람들이 공동생활을 하는데 70세가 영계라 담배심부름을 다닌다는 얘기가 헛소리나 우스개가 아닌 현실이다. 남들이 다 오래 사는데 혼자서 먼저 죽기도 싫고 추하게 오래 살기도 싫다. 어차피 그 선택권이 자신에게 없음이 이렇게 다행일 수가 없다.

오라버님이 점점 상태가 안 좋아지는 것 같다. 93세가 어디 보통 나이인가? 아무리 장수 시대라 해도 만만찮은 연세이다. 1917년생이니 망국 백성으로 태어나 꿈도 희망도 없던 시대에 청년기를 보냈으니 숱한 애환을 겪은 세대이다. 그래도 부모덕에 동경유학까지 마쳤으니 복 받았다 할 만하다. 선택된 사람 축에 들겠지만 광주학생사건 때는 정학을 당하는 시련도 겪었다. 옥고를 치르지 않은 것은 참여 정도가 미약해서라기 보다는 아버지의 재빠른 수습 덕택이었으리라.

조선은행(현 한국은행의 전신)에 당당히 입행하는 것으로 오빠는 아버지에게 첫 번째 빚은 갚은 셈이다. 오늘의 경제 고시쯤으로 치는 일이었다니 말이다. 8.15 광복 직전에 해주 지점에 있다가 뜻한바 있어 사표를 내던지고 상경해 버리는 바람에 아버지를 실망 시켰으나 이내 굳어진 38선으로 해서 선견지명이 있다는 찬사를 받기도 했다. 인간사 새옹지마를 직접 체험한 셈이다.

6.25때 아버지가 납북되는 바람에 어머니와 나까지 떠맡은 오빠는 자신이 5남매를 낳아 기르면서 힘겨운 가장으로 일생을 살아야 했다. 철없는 누이동생은 대학까지 서울 유학을 하겠다고 고집을 꺾지 않아 그 뒷바라지를 흔연히 해 주어야 했다. 어머니는 환갑도 못 살고 딸 하나 있는 것을 성가도 못 시키고 훌훌히 떠나 버려 그 책임까지 짊어져야하는 오빠는 시집 안 가겠다는 동생 등을 떠밀어 시집을 보내느라고 애를 태우기도 했다.

말괄량이 누이동생이 행여 시집을 못 살고 돌아올까 봐 항상 마음을 졸이고 살아왔으리라는 것을 그 동생이 안 것은 지천명의 고개를 넘은 후의 일이다. 평생을 몸담아 온 대학의 명예교수로 83세까지 강단에 섰던 건강이 강의를 끝낸 이후 급격히 약해지더니 이제 실내에서도 보행이 힘들어지려 하고 있는 것이다. 누구나 가는 길이지만 오빠를 보면서 가슴이 어떠어떠하다고 말로 표현할 수가 없다. 똑같은 뱀띠, 2띠 동갑이니 아버지 같은 오빠다. 실제로 오빠 동창생의 둘째 딸이 초등학교 동창이다. 친구들이 우리 집에 오려면 어려워서 서로 들어오지 않으려고 대표를 뽑아 보내고 했다.

맏조카와 6살 차이인데 고모 옷을 물려받아 입느라 새옷 한 번 번번히 얻어 입어 보지 못해서 자기는 둘째 아이들의 애환을 아주 잘 아는 맏딸이라고 어릴 적 섭섭함을 토로하기도 했다. 워낙 착한 성품이라서 그런 일로 성을 내지도 않고 웃으며 얘기하는 그런 조카이다. 정말 오빠에게는 큰 딸 같은 그런 존재였건만 지금 오빠가 노쇠해서 자식들의 보살핌을 받게 되고 보니 동생은 언제 그랬느냐는 듯이 동생 자리에 가 있고 자식들이 도맡아 시중을 들고 있으니 참 나라는 사람은 염치가 없다는 말로 밖에는 따로 할 말이 없다.

나 살기 바쁘다는 명분으로 얼버무리지만 그야말로 한 치 건너 두 치가 이런 것인가 보다. 그러고 보면 형만 한 아우가 없다는 옛말이 그냥 옛말만은 아닌 것 같다. 머리 검은 짐승을 기르지 말라는 옛말도 고개를 끄덕이게 한다. 오빠보다 4살 아래인 새언니는 지금도 내 걱정이 한참이고 손을 붙들고 어떻게 자란 사람인데 이렇게 손이 거칠도록 일을 하고 산단 말이냐고 콧소리를 해서 곁에 있는 남편 눈치를 보게 만든다.

세상에서 제일 착할 것 같은 언니가 귀가 어두워 대화도 잘 못하니 기가 막힌다.

저분들이 가고 나면 정말 쓸쓸할 것이다. 나를 잡아줄 끈이 더 이상 세상에는 없을 터이니 말이다. 가지김치 조금 담아가면 감격하는 언니가 얼마나 함께 있어 주려는지, 지금도 내게 용돈을 주고 싶어 하는 오빠가 떠나고 나면 아마 나는 비로소 아버지를 잃었다는 착각을 할지도 모른다. 마음에 있으면서도 덥다고 못간 여름이 가고 시원해진지가 언제인데 또 이렇게 자주 가지 못하고 마음만 심란하다.

오빠의 우람한 가슴에 안겨 꿈을 얘기 했었는데 이제 그 꿈도 껍질만 남고 오빠도 떠나려 하니 세월은 정말 무심한 것인가 보다. 오빠가 곁에 없으면 아버지가 새삼스럽게 그리워질 것 같다. 오빠가 좋아하는 생도라지 무침에다 배 한 바구니 사들고 다녀와야겠다. 언니가 즐기는 생과자도 사야겠지, 속이 아파 한 조각밖에 못 들지만 환하게 웃으며 좋아하는 언니의 아이같이 천진한 얼굴이 보고 싶다. 옛날 숙명고녀 다닐 때 얘기를 시작하면 반짝이며 빛나는 언니의 눈동자는 여전히 초롱초롱하다.

아이들이 요양병원을 알아본다는데 부지런히 다녀야 할까 보다. 집에 계실 때가 그래도 보기 좋은 모습이지 그런 곳에 들어가면 왠지 서글퍼 보일 것 같아 코끝이 아려온다. 부엌 창문으로 노을이 확 들어온다. 흐리던 하늘이 갑자기 개면서 안겨다 준 선물이다. 하늘이 온통 주홍빛이다. 그래 두 분의 남은 세월이 저만큼만 고왔으면 좋겠다. 붉은 꽃구름을 보면서 서향집도 좋다는 생각에 빙긋이 웃고 있다.

(2008. 9.)

5억만 대 1의 우승자

세상 일 중에 사람들의 마음대로 되는 일과 안 되는 일의 비율은 어느 정도나 될까? 아마 모르긴 해도 마음대로 안 되는 일이 훨씬 많을 것이다. 사람들은 자신의 노력으로 많은 일이 성취된다는 착각 속에서 희망을 품고 살아가기도 한다. 사실 몇 가지를 빼고는 어느 정도까지는 인간의 노력여하에 따라서 이루어지기도 하고 실패하기도 한다. 안 되는 그 몇 가지 중에 으뜸이 인간의 생사화복이 아닐는지. 세계 인구가 많다고 사람을 값없이 생각하는 사람이 있을지는 모르지만 그야말로 모르는 소리이다. 사람 하나가 잉태되기 위하여 무려 5억만 개 이상의 정자가 목숨을 건 경주를 벌인다는 사실을 한번 생각해보라. 단 하나만이 승리하여 뜻을 이룬 그 산물이 바로 나 자신임을 생각하면 5억만 대 일의 경쟁을 뚫고 합

격한 우수선수인 것이다. 그런데 이 경주는 내가 신청서를 내고 참가한 것이 아니라는 것에 주목할 필요가 있다. 완전히 내 영역 밖의 일인 것이다.

최근에 와서 우리나라가 마치 자살공화국이라도 된 듯한 인상을 받는 것은 매우 가슴 아픈 일이다. 자살이라면 복지가 가장 잘 되어 있는 북구의 여러 나라들이라고 해서 강 건너 불 보듯 하거나 배가 불러서 생기는 사치성쯤으로 생각했었는데 우리나라가 자살율이 최고라는 어느 목사님의 설교내용은 충격적이었다. 나야말로 우리 이웃이 얼마나 병들어 가고 있었는지에 그렇게도 둔감하고 매정한 사람이었나 싶어 부끄럽기까지 했다. 우리가 자살이 횡행할 만큼 복지가 잘되어 있는 나라로 발전했단 말인가? 그것은 분명 아니 것 같다. 아니 복지가 잘되어 있으면 자살이 많아진다는 가설부터도 사실은 문제이다. 생명에 대한 근본적인 생각이 잘못되어서 자살이라는 비극이 일어나는 것이지 복지가 자살을 유도하는 것은 아니라고 본다.

자살은 범죄행위이다. 자신의 목숨이 자기 것인지 알고 마음대로 끊고 어쩌고 하는 것은 우리 생명을 주관하는 하나님에 대한 범죄이다. 그것이 첫째 이유이다. 다음으로는 남겨진 사람들, 특히 사랑하는 가족들에게 안겨주는 엄청난 상처가 그 둘째 이유이다. 또 하나는 이웃들에게 끼치고 가는 허탈과 생명 경시의 못된 풍조의 만연이다. 그것이 셋째 이유이다. 물론 오죽했으면 죽었을까? 그것도 헤아리지 못하는 무정한 사람이라고 하면서 나의 독선이라고 꾸중할 분이 계실지 모르지만 그렇지 않다. 세상에 힘들다고 죽기로 한다면 이세상은 이미 텅 비어 있을 것이다.

삶의 고비에서 죽고 싶을 정도의 어려움은 누구나 나름대로 다 겪는다. 이때 많은 사람들은 자신의 목숨이 자신의 것이 아니기에, 혹은 남은 가족들의 처지를 생각해서 차마 그런 생각을 안 하거나 실행에 옮기지 못하는 것뿐이다. 혹은 많은 사람들이 아예 그런 끔직한 생각을 떠올려보지도 않은 채 그저 사는 수밖에 없는 줄 알고 살아가는 것이라고 말할 분도 계실 것이다. 아무튼 자살은 죄악이다.

얼마 전에 인기 연예인이 변사체로 발견되었는데 자살로 추정되어 화제를 모으더니 얼마 후 더 인기 있는 연예인이 또 목숨을 끊어 우리를 놀라게 하고 우울하게 했다. 그분들의 명복은 빌어야겠지만, 너무 떠들고 흥분하는 언론 보도를 보면서 언론의 사회적 책임이라고 하는 것이 무엇일가를 생각해 보지 않을 수 없었다. 실로 착잡하다고 밖에 말할 수 없는 심정이었다. 아니나 다르랴 싶게 연달아 어떤 무명의 사람들이 비슷한 방법으로 세상을 버렸다는 보도가 이어졌다. 생명 경시의 못된 풍조의 만연에 어이없게도 언론이 한 몫 거든 셈이 된 것이다. 거든 것이 아니라 방조한 것이나 다름이 없다고 말 하고 싶으나 언론으로부터 제소라도 당하는 날에는 그 막강한 힘과 싸워 이길 힘이 없는 나로서야 이렇게 말할 수밖에 없는 것이다. 비겁하다고 매도해도 할 수 없다. 현실은 현실이니까.

화분에 고추를 몇 포기 심었다. 아침저녁 물을 열심히 준다고 주었건만, 날이 갈수록 잎이 노르스름해지면서 생기를 잃어갔다. 아아 역시 땅에 심어야 되는 것이구나. 공연한 욕심 때문에 고추의 처지를 어렵게 만든 것에 대해 정중히 사과하면서 내년에는 이런 짓 하지 않을 테니 좋은 주인을 만나서 땅에서 마음껏 자라게 해주리라고 고추들에게 조용히 사과문을 썼다. 알고 보니 내 생각도 맞기는 하겠으나 거름이 없어서 그렇다는 친지들의 말을 듣고 거름을 좀 해 주었다. 거름이래야 음식물 찌꺼기를 조금 넣어주었을 뿐인데 며칠 후부터 고추들은 조금씩 푸른빛을 띄어가기 시작하더니 이내 파랗게 옥상 한 구석을 장식해 주었다. 그 하찮은 고추도 그렇게 배고프고 허기진 가운데서도 목숨을 끊지 않고 부지하고 있다가 그 적은 먹이에서도 힘을 얻고 새로운 갱생의 길을 가는데 만물의 영장이라는 사람이 그 고귀한 삶을 헛되이 버린단 말인가?

하기야 그 만물의 영장이라는 지혜가 지극히 짧을 때 잔꾀로 목숨을 끊지만 말이다. 짐승이 자살 했다는 얘기를 들어본 적은 없다. 먹이를 못 찾아 굶어죽기는 해도 스스로 목숨을 끊는 일은 없는 것 같다. 설령 먹이를 못 찾는 그 상황보다도 더 절박한 형상에 이르렀다 하더라도 자살할 권리는 우리에게 없다. 그것은 하나님의 영역에 속하는 고귀한 것이어서 그렇다. 생명 그것은 무한한 가능성을 지니고 있기에 끝까지 살아볼 만한 것이다. 생명을 준 분이 거두어 갈 때까지 주어진 자들은 오직 묵묵히 살아갈 뿐인 것이다. 아무리 훌륭한 공예가라도 살아있는 듯한 조형물을 만들 수는 있어도 살아있는 것은 만들 수가 없다. 생명 하나, 그 누구도 만들어 낼 수는 없다. 그런데 어떻게 생명을 마음대로 버릴 수 있는가? 이것은 우주의 큰 질서를 어지럽히는 일이다.

세상 일이 모두 마음대로 다 되어 버리면 그 또한 재미없을 것이다. 죽을힘을 다해서 노력하라는 비유를 옛 어른들이 괜히 쓴 것은 아니다. 죽도록 노력하면 어지간한 일은 다 성취할 수 있는 것이 인생이 아닌가 싶다. 그렇게 하고서도 안 되거든 기다려 볼 수밖에 이것도 옛사람들이 이미 터득하고 우리에게 이른 말이다. 사람이 할 일을 다 했거든 하늘의 명을 기다리라는 가르침은 그냥 옛말만은 아니다. 한 생명을 잉태시켜보려고 산부인과의 불임클리닉은 오늘도 초만원을 이루고 있는데 어찌 5억만 대 1의 경쟁을 뚫은 우승자가 자신의 몸을 함부로 다룰까 보냐.

(2008.10.)

2

33살의 치기

_ 33살의 치기

_ 백모3년

_ 오늘 손익계산서는 흑자

_ 좋은 이웃으로

_ 불지 말았으면

_ 가져가듯이 가져오면

33살의 치기

어차피 영원한 것은 없다. 만들었으면 부숴버릴 때가 있기 마련이고 세워졌으면 헐릴 수도 있다. 사람이 자신의 감정에 따라 있던 것이 없어지면 공연히 서운하고 서글퍼지기도 한다. 신세계백화점 앞 회현고가차도가 헐리고 있다. 헐린다 헐린다 하더니 드디어 중심부 상판과 지지대 부분만 남기고 신속히 헐려졌다. 중앙우체국 앞에서 남산 3호 터널을 향해 가는 길에 앞을 딱 막아서 가로 걸리던 것이 싹 없어지면 시야가 시원히 열리고 남산이 옛날 그대로 눈앞에 고운 자태로 다가와 줄 것이다. 중앙우체국 앞에 가로 놓였던 육교가 헐린다 할 때 환영 하면서도 교통체증이 우리들 발을 묶어 버릴 것 같아 염려했으나 그것이 기우였음을 그 후 무난한 교통소통이 대변해 주고 있다.

이곳처럼 헐려나간 육교들이 서울 도심에 들어

서기 시작한 것이 1960년대 후반인지 70년대 초반인지 확실히 기억나진 않는다. 그 육교들은 차량소통을 원활하게 하기 위해 걷는 사람들을 모두 공중으로 올려 보내는 일, 그 본연의 임무 외에 또 하나의 역할을 맡게 되었다. 바로 현수막을 걸 수 있는 고정 홍보 틀이 되어 준 것이다. 1973년 10월, 중앙우체국 앞 육교에 현수막을 걸기 위해 서울시청 시설관리과를 찾아갔다. 1974년 1월 1일부터 현수막을 걸고 싶다고 신청서를 냈는데 사용허가를 해줄 수 없다는 공문을 받고 설득해서 허가를 받고자 들어간 것이다. 걸 수 없다고 퇴짜를 맞은 현수막은 '올해는 임신 안 하는 해'라는 내용이었다.

서울 도심 한복판, 그것도 서울의 관문이라 할 이곳에 어떻게 이런 부끄러운 낱말을 내다 거느냐? 이런 일은 아주 은밀히, 조용히 하는 것이고 남자와 여자가 함께 얘기 하는 것만도 금기일 텐데 벌건 대낮에 공중에다 내다 걸다니, 그것도 점잖은 여성 단체가 이런 해괴한 짓을 하려 하다니 천부당만부당 한 일이라고 펄쩍 뛰는 직원은 자신이 부끄럽고 수치스럽다는 듯 얼굴이 홍당무가 되어 나를 쳐다보았다. 아니 차마 바로 보기가 민망하다는 듯 시선을 피하며 마치 벌레 보듯 하는 분위기다.

무엇이 부끄러우냐, 새로운 생명을 태어나게 하는 시발이 임신인데 왜 그 말이 수치스럽고 숨어서 말해야 되는가? 그렇다면 배부른 여자가 다 죄인이라도 된다는 말인가? 선생께서는 임신이라는 과정을 안 거치고 세상에 나오셨는가? 젊은 여자가 부끄러운 줄 모르느냐는 말은 망발이니 취소해라, 아들 딸 남매를 연년생으로 둔 33살 새댁은 세상 무서울 것 없이 덤볐다. 그런 것이 아니라 대통령께서 잘 지나시는 길이라 신경을 쓰는 곳인데 그 어른이 서울 한 복판에 저게 무슨 짓이냐고 한 말씀하시거나 하는 일이 생길까봐 불허 방침을 세웠노라고 과장인가 하는 분이 무마하고 나섰다.

지금 인구가 늘어서 경제성장에 막대한 지장을 초래하고 있는데 출산율을 낮추지 않고서는 인구 증가율을 떨어뜨릴 수 없고 경제성장률이 안 나온다. 8.15와 6.25 후의 베이비붐 세대가 가임 연령층에 들어서게 됐는데 획기적인 의식의 전환 없이는 출산율을 저하시키기가 힘들어 우리 민간 여성단체가 자원해서 이 일을 성공하게 하려고 나선 이 마당에, 오죽 급하면 우리 모두 한 해 만이라도 임신을 억제해 보자는 이런 파격적인 캠페인을 전국적으로 벌이려 하겠느냐? 못 걸게 하면 도둑처럼 내다 걸 수야 없는 일이겠지만 이렇게 홍보 효과 좋은 곳을 활용하지 못해서 이번 캠페인이 더 큰 확산 효과를 얻지 못 하는 일이 생긴다면 그 책임은 서울시가 지셔야 된다. 대통령은 인구증가 문제로 밤잠을 못 주무시는데 이런 결정을 하는 여러분을 어떻게 생각해야 할지 나는 잘 모르겠다. 우리는 모든 일을 보고서에 상세히 기록할 것이다. 고 거침없이 쏟아내는 오만한 민원인 앞에 그들은 말을 잃었다. 어이없다는 듯 쳐다보는 그 방의 사람들은 기가 막혔을 것이다. 사정을 하고 머리를 조아려도 사용허가를 해 줄 둥 말 둥 인데 그들 보기에는 천지 분간 못하고 날뛰는 꼴로 보였을 내 행동거지는 꼴불견이었을 것이다.

심사숙고 하시고 빨리 연락 주셔야 다른 곳을 알아 볼 수 있으니 선처해 주시기 바란다는 한 마디를 남기고 방을 나왔다. 거기 말고 다른 육교도 모두 다 안 된다는 가시 돋친 한 마디가 뒷꼭지에 꽂혔다. 1974

년 세계 인구의 해를 우리 여성단체가 "임신 안 하는 해로 정하고 대대적인 사업을 벌일 때의 일화 한 토막이다. 물론 그 문제의 현판은 그곳에 내다 걸렸다. 그 때 늦깎이 새댁은 33살이었다.

인구가 많아 나라가 거덜 나게 되었다는 학자들의 말을 믿고 열심히 캠페인 하고 솔선수범하여 그 때 생각으로는 꿈만 같았던 2자녀를 뛰어넘어 한자녀 시대로 진입하는데 성공하였다. 그런데 한 세대 겨우 지난 2009년 오늘은 인구가 줄어서 이대로 가면 300년 후에는 한민족이 지구에서 사라질 위기에 처하게 생겼다는 엄포에 우리는 다시 출산율을 끌어올리기 위해 "아이 낳기 좋은 세상" 만들기 캠페인에 나섰나. 서출산 소자녀 애국이 다자녀 애국으로 바뀐 것이다. 35년 전 그 때 이러다가 인구가 계속 줄어 우리도 프랑스 같이 되면 어떡하느냐는 질문에 그런 일은 우리에게 절대 다가오지 않을 것이니 염려 붙들어 매라며 우리의 무식(?)을 동정하듯 쳐다보던 그날의 학자들은 지금 왜 침묵하는가?

차가 달리는데 지장을 준다고 공중으로 올려 보냈던 시민들은 보행자 위주의 교통정책 선회 덕에 다시 땅위에 내려와 편안하게 횡단보도 위를 걸을 수 있게 되었다. 도심 곳곳에 다시 횡단보도의 흰 줄들이 그어지기 시작하더니 급기야는 고가차도들 까지 거리에서 사라져갔다. 이런 시설물들이야 짓고 헐기를 다반사로 할 수 있겠으나 사람의 의식이라는 것은 그리 단순한 것이 아니다.

어차피 세상은 변하려고 있는 것이고 발전에 따라 생활양상과 의식이 달라짐은 당연한 일이다. 앞으로 1세대를 더 살기는 어려울 것이니 엄청난 변화야 겪지 않고 우리들이야 떠나겠지만 또 다시 소자녀가 애국이라고 여인들의 자연스런 특권을 놓고 이러쿵저러쿵 하는, 국가적 논의의 틀을 또다시 새롭게 짜는 21세기 중반이 되지 않기를 바란다. '임신 안 하는 해' '아이 낳기 좋은 세상' 두 개의 현수막이 헐리고 있는 회현고가 차도에 걸려 춤을 추다 날아간다. (2009. 8).

백모 3년

흰 개 꼬리를 땅에 묻고 3년이 지난 후에 꺼내 보았더니 여전히 하얀 채로 있더라는 옛말이다. 사람의 버릇이나 성품이 바뀌지 않을 때 쓰는 비유이다. 짐승은 훈련을 시키면 그대로 따라 하지만 사람은 오히려 그렇지 못한 면이 많다. 특히 정신적인 면에서는 더욱 변하지 못하는 것 같다. 교육으로 변화시키지만 한 번 굳은 나쁜 버릇을 고치기란 그리 쉬운 일이 아니다. 잘 해 나가다가도 이성의 지배가 약해지면 이내 오뚝이처럼 제자리로 돌아가 버리는 것이다. 김유신의 애마 이야기도 넓은 의미로는 이에 속한다 할 수 있다.

일본의 동북부 후쿠시마에서 진도 9.1의 강진과 20미터 가까운 파고의 쓰나미가 몰려와 순식간에 마을을 다 삼켜 버리는 엄청난 재앙이 닥쳤다. 가슴 아프다는 말로는 설명이 잘 안 되는 참혹한 천재이다. 이웃이 이런 재난을 당하자 우리 착하디착한 흰옷의 한국 백성들은 앞 다투어 위로와 격려를 보내고 구조대를 급파했다. 제일 먼저 도착한 구조대는 재난 현지에서 신속하게 사람을 구하고 건물 잔해를 뒤지는 험한 일을 마다 않고 열심히 그들을 도왔다. 국내에서는 일본 돕기 성금을 모으기 시작하고 고사리 손들 까지 흔쾌히 복구 성금을 털어냈다. 각계각층의 격려문이 쇄도하고 연일 누리꾼들은 일본을 위로하며 힘내라고 격려하기에 분주했다. 누구보다도 일본으로부터 아픔을 겪은 정신대 여성들조차도 일본사람들 힘내라고 격려하며 죄가 밉지 사람이 무슨 죄가 있겠느냐며 진심으로 위로 하고 격려했다.

논객들도 과거는 과거이고 재난은 재난이라며 일본을 도와야 한다고 천편일률의 논설을 쏟아냈다. 이럴 때 일본의 한반도 강점 같은 것을 얘기 하면 무슨 미개인이라도 될 듯한 분위기였다. 이러다가 역사조차도 다 잊어버리는 것 아닌가하는 염려가 될 정도였다. 내가 이렇게 속이 좁고 마음씨가 착하지 못한 여자였나 싶어 하루에도 몇 번씩 고개를 갸웃거렸다. 웬일인지 마음 밑바닥에서부터 온전히 안됐다는 마음만 솟아나는 것이 아니라 안됐지만 "자연이 쓸고 가도 그렇게 죽겠지? 그런데 인간이 와서 쓸고 갔을 때, 인간의 도륙으로 고통을 받게 됐을 때의 아픔을 생각해 본적이 있느냐?"고 묻고 싶은 심정이 앞섰기 때문이다.

이런 생각의 근원이 무엇일까 생각해보니 이것은 교육의 결과였음을 깨닫게 되었다. 중학교 시절 이승만 대통령의 반공방일 교육 강화 정책에 의해 1주일에 한 번씩 반공방일 표어를 지어 제출해야 했고 매월 열리는 교내 웅변대회에서 반대표로 나가 웅변을 해야 했다. 표어를 짓고 웅변 원고를 쓰면서 의식 깊은 곳에 그 사상이 아주 뿌리를 깊이 내린 것 같다. 도울 것을 도우면서도 중심을 잡고 우리가 기억할 것은 기억하면서 이성적으로 대처하지 못하고 있는 것 같아 속이 좀 뒤틀려 있던 차에 명성황후 관련 사진전을 보면서 그 느낌을 시작으로 나와 비슷한 생각을 풀어낸 일간지 J일보의 논설을 발견하고 회심의 미소를 지었다.

드디어 내 생각이 맞는다는 확신을 얻는 일이 벌어지고 말았다. 일본은 또 우리를 실망시켰다. 독도 영유권을 주장하는 역사 왜곡 교과서를 인증함으로써 구태의연한 모습을 만천하에 보인 것이다. 그래 그럴 줄 알았어, 우리만 쏙 빠진 거야, 하고 주먹질을 하면서 몹시 허탈해졌다. 손바닥이 마주쳐야 소리가 나는 것처럼 좋은 이웃이 되려면 어느 정도라도 뜻이 좀 맞는 구석이 있어야 한다. 이렇게 선을 악으로 갚는 사람들하고 무슨 선린관계를 맺을 수 있겠는가? 우리보다 부자 나라에 아직 넉넉하지 못한 우리가 우호적으로 성의를 내고 있는데 양심이 있으면 올해만이라도 그 헛소리를 좀 안 할 수도 있을 것 아닌가 말이다. 이럴 때 우리 조상들은 도독도 이르다는 속담을 만들어 썼는지 모르겠다. 도둑도 때가 있다는 말이다. 하물며 후의를 저버리는 것도 좀 천천히 할 수도 있었을 텐데 얼마나 상대를 우습게 보고 후의조차도 시큰둥하게 받아들였으면 이렇게 무례할 수가 있는가 말이다.

우리는 명성황후의 시해나 류관순 열사의 참혹한 순국을 생생히 기억하고 있다. 발전적 관계를 위해 가슴에 깊이 묻고 참고 있을 뿐이다. 용서해야 하고 위로해야 하는 이성의 명령과 좀처럼 삭지 않는 감정의 기억이 상충하고 있다. 일본은 역시 백모3년이었다. 상관 않고 살 수도 없고 가까운 거리의 저 나라를 어찌하면 좋을지 답답한 일이다. 이제 지체하지 말고 우리의 역사교육을 철저히 해서 울타리 단속을 철통같이 해야 한다. 우리도 용서는 하되 결코 잊지는 말아야 한다.

남에게 폐를 끼치지 않는 것을 매우 중요시해서 국민의식이라고 할 정도로 숭상한다는 '폐 안 끼치기'라는 그들의 덕목도 우스운 것 아닌가? 남의 앞을 지나갈 때 몸을 낮추고 지나가는 예의를 표한다든지 하는 작은 폐는 안 끼치는지 몰라도 남의 나라를 집어삼키던 큰 폐를 서슴없이 저지르던 망령된 태도는 여전히 버리지 못하고 있는 것이 일본의 실체가 아닌지 의심스럽다. 그야말로 사랑의 문제와 별개의 심각한 문제가 아닐 수 없다.

이런 일련의 일들은 그들의 탐욕에서 비롯된다고 본다. 후쿠시마 원전 사태만 보아도 그렇다. 초기에 우방들이 염려하며 돕겠다 하고 폐기 등 극단적 방법을 고려해야 할 것이라는 충고를 보냈을 때 간단히 일축하고 귀를 기울이지 않았다. 그들의 대처는 오로지 경제적 계산에 근거한 무모한 결정이고 교만이었음이 확실히 입증된 지난 3주간이 아니었던가? 이제 더는 견디지 못하고 고농도 죽음의 물질이 녹아 있는 물을 바다에 유출 시킨 것도 모자라 아예 대기 중에 방출해 버리는 지경에 이르렀다. 바로 근접한 우리나라에 한마디 상의나 통고조차 하지 않은 채 쏟아버린 것은 또 하나의 만행이다. 세계인의 바다를, 대기를 마음껏 오염시키는 이런 일이야말로 더없이 큰 폐임을 그들은 언제나 깨달을 수 있을까? 아니 그런 때가 있기나 할까? 그들은 체르노빌 원전 폭발 사고 때 8,000km 거리의 소련의 목을 어떻게 조였는지 잘 기억하고 있을 것이다. 자국민의 건강을 위해서 말이다. 우리는 또 언제까지 이들의 개과천선을 기다려야 한단 말인가? 우리는 좋은 이웃으로 살기를 바란다. 일본이 양심을 찾기도 바란다. 사랑이 무엇이고 염치가 무엇인지를 일본인들도 알게 되는 복을 받기를 원한다. 백모 3년 이라는 속담이 일본인들로 해서 헛된 말이 되기를 간절히 바란다. (2011. 4.)

오늘 손익계산서는 흑자

아주 조그마한 것을 잃어버렸는데 마음은 크게 상했다. 200원 남은 전철쿠폰과 1,800원 정도 남은 전화카드를 잃었다. 시간을 빠듯하게 대어가는 중에 다급히 돈을 좀 부칠 일이 생겼다. 은행 창구에서 서둘러 일을 보다가 손에 들고 있던 그 표들을 놓쳐버린 것이다. 송금할 곳의 계좌번호를 확인하느라 전화를 걸고 전철 탈 때 시간을 절약한답시고 전화카드와 전철쿠폰을 양옆으로 꽂은 명함크기의 비닐 표꽂이를 그대로 손에 든 채 송금표를 쓰고 창구에 섰다.

내 차례 번호표 하나 앞 번호가 찍혔기에 그 창구에서 기다렸다. 딩동, 다음 번호를 부르는 신호음이 저 쪽 다른 귀퉁이에서 들린다. 차례를 놓칠세라 접시에 놓았던 돈과 송금표, 번호표들을 허둥지둥 집어 들고 소리 나는 창구로 갔다. 순간

손이 좀 허전해서 살펴보니 표를 넣은 비닐케이스가 없다. 아까 서 있던 자리에서 떨어뜨린 것이 분명하니 안심하고 가 보았다. 내 뒤에 있었던 서너 명의 손님 일행은 간 곳 없고 내 표도 이미 없다.

양쪽 창구 직원에게 혹시 전철 쿠폰과 전화카드가 섞여 들어가지 않았느냐는 바보 같은 질문을 던지며 조금 전 거기 함께 서 있던 여인들을 찾느라 두리번거렸다. 급하게 송금하라고 한 남편에 대한 원망이 밀고 올라온다. 다음 순간 근거 없이 사람을 의심하고 있는 나 자신에게 화가 났다. 잃은 놈이 죄 짓는다는 옛말과 약10초 정도의 시간밖에 걸리지 않은 좀 전의 상황사이에서 갈등은 더욱 심해진다. 물건을 흘리고 간 사람의 뒤통수가 보이는 곳에서 그까짓 돈 몇 푼짜리를 들고 가느라 일들도 안보고 한꺼번에 사라져 버린 사람들이 괘씸하고 한심해서 속이 부글부글 끓는다.

우리는 언제쯤이나 제대로 된 생각들을 지니고 살 수 있을까? 아니 확실히 알지도 못하면서 왜 의심을 해서 죄를 짓나? 시간을 좀 여유 있게 관리할 것이지 서들다가 생긴 일이잖나? 손에 든 것도 어디다 흘리고 다니는지도 모르고 살 정도면 앞으로 어떻게 사나? 그까짓 것 한 번 호쯤 남에게 양보 좀 하면 어때서 안달을 하다 꿀좋다. 수 없이 많은 생각들이 머리를 흔들어 놓는다.

전화카드가 새로 나왔을 때 새로 산, 만 원짜리 카드를 시내전화 한두 번 하고 그대로 공중전화통에 남겨두고 돌아서 몇 걸음 걷다가 정신이 나서 가보니 카드도 뒷사람도 없었다. 그 때와 비슷한 분노가 대책없이 가슴을 점령해 온다. 심호흡을 해가며 마음을 달래 본다. 내 실수를 인정하지 못하고 남에게만 원망을 돌리고 있음이 지금 이 분노의 근원임을 알아냈다. 내가 잘못한 걸 누구에게 돌팔매를 던질까보냐.

장내를 몇 번씩이나 둘러보느라 급히 가야 했던 결혼식은 아예 늦게 되어 버렸다. 다른 지하철 쿠폰을 꺼내 들며 좀 부끄러운 생각에 붙잡힌다. 아까 잃은 표가 200원쯤 남게 되자 좀 먼 곳을 갈 때 타려고 따로 넣어두고 새 쿠폰을 사서 한 이틀 타고 다니던 중이다. 어차피 한 번은 탈 수 있는데 한 구간짜리를 타는 것 보다 여러 구간 갈 때 타면 교통비가 좀 절약되는 것 같은 기분이 들어서이다. 이삼백 원 덕을 보겠다고 따로 쿠폰을 표시해 들고 서 있다가 1,800원 정도의 전화카드까지 잃어버렸으니 날 토끼 잡으려다 집토끼 놓친 격이다. 크게 절약가도 못되고 재리에 밝지도 못하면서 가끔 씩 유별난 짓을 해서 꼭 손해를 보는 자신이 우스꽝스럽기 그지없다. 큰돈이나 적은 돈이나 돈이 사람을 좇아야지 사람이 돈을 쫓다가는 힘 빠져 죽기야 매일반이 아닌가 싶다.

그래도 얼마 전에 전철쿠폰을 개표구에 꽂아둔 채 몇 걸음 걷다가 되돌아가보니 쿠폰이 그대로 매달려 있어 기분 좋았던 때도 있었잖나. 은행 현금출금기에서 돈을 뽑아 놓고 카드와 명세표만 빼들고 유유히 밖으로 나와서 차문을 열려다 퍼뜩 정신이 들어 은행으로 뛰어 들어갔을 때 뚜껑이 열린 채 배추단(?)이 그대로 기다려 주고 있어 가슴 설레던 행복감을 떠올려 보라. 지난 봄 버스에 두고 내린 겉옷을 버스 종점에 가서 무사히 찾아온 일도 있구나, 그래 이만하면 우리도 이제 형편없는 정도의 의식수준은 면한 것 같다.

마음을 달래고 갈 길을 재촉한다. 전철에서 내려 택시를 바꿔 타고 예식장으로 달린다. 마음의 앙금을 마저 털어버리려고 세상에 이럴 수도 있느냐면서 운전사에게 좀 전의 얘기를 하며 내 심경을 털어놓았다. 운전사는 호쾌하게 웃더니 아주머니는 참 복잡하게 생각을 많이 한단다. 눈이 둥그레지는 나에게 자기는 무엇이든지 단순히 생각한다나? 아, 없네! 어디로 갔지? 그 사람들이 갖고 갔나? 아이고 2,000원도 안 되는 건데 1만 원짜리 표로 알고 허겁지겁 가져갔구나, 한 번 타면 끝이다, 잘 먹고 잘 살아라 하고 끝내겠단다. 만 원짜리 표로 보여 마음이 동했을 것이라는 설명을 들으니 이해도 갈 듯 한데 입맛은 더욱 씁쓸해진다. 세상에 사람의 뒤통수가 보이는데도 그럴 수가 있느냐고 화가 지미는 초점을 재확인시키는 내게 뭐 그런 일이 새삼스럽다고 그러느냔다. 그 사람도 전철 타보고 실망했을 거라며 200원 정도인 줄 알았으면 안 가져갔을 거라고 웃는다.

마음의 고삐를 겨우 잡고 결혼식장에 당도했다. 신랑 어머니가 이런저런 예단을 받았다고 부러움에 찬 음성들이 소곤거린다. 언제까지 이 나라 여인들은 이렇게 정신 모르고 자야 하는건가? 좀더 뜨겁고 커다란 용광로가 불을 지피기 시작한다. 좀 전의 불은 한 줄기 지푸라기에 붙은 불이라면 이번 것은 제철소의 쇳물 달구기 불길만큼이나 세다. 남의 집 잔치에 와서 이 무슨 망발이란 말인가? 우선 진심으로 두 젊은이의 앞날을 축복해 주어야 한다. 세상을 다 얻은 양 웃음 가득한 신랑신부, 이 좋은 잔치에 돈만 있으면 무엇인들 못 해주랴. 이제 그만하라고 야단 칠 일이 아니라 남의 분수에 나를 맞추려는 허세만 버리면 될 것 같다. 정직성도 그렇다. 남을 탓하기에 앞서 우선 나부터 남의 것을 내 것처럼 아껴주는 연습이 필요할 것 같다. 2,000원 밖에 안 되는 돈을 잃고 많은 것을 생각해 본 하루를 보냈다. 이만하면 얻은 것이 더 많은 하루 아닌가? 손익계산서를 흑자로 만들어 준 얼굴 모르는 그 사람에게 감사를 보낸다. (1998. 1.)

좋은 이웃으로

나는 인덕이 많은 편이다. 사는 동안에 주변의 사람들로부터 갖가지 도움과 사랑을 받아 왔다. 제일 큰 도움을 준 분은 부모님과 스승님일 것이다. 그 사랑은 너무 크고 조건 없이 받기만 한 일이어서 햇볕이나 공기의 소중함만큼이나 고마움을 느끼지 못하고 살아왔다. 학우나 직장 동료를 비롯해서 만나고 비벼대며 지내 오는 사람들이 가족 말고도 수없이 많다. 그 중에서도 이웃만큼 함께 지내는 시간이 긴 사람은 드물다. 먼 친척보다는 이웃이 낫고 오죽하면 이웃사촌이라는 말까지 생겨날 정도이다. 요즘은 이웃을 잘 모르고 산다지만 계속 이웃들과 집안 간처럼 트고 살아온 편이다.

비스듬히 뒷담장이 조금 닿아 있던 집하고 하수도 문제로 좀 서먹하게 지냈던 일이 편하지 않은 이웃 관계의 단 한 가지 경우였다. 지대가 약간 낮은 우리 집으로 그 집 하수구에서 물이 새어드는데 막무가내로 자기 집 하수도와 무관하다고 우기는 바람에 가벼운 마찰이 있었다. 이해관계가 있으면 좋은 이웃이 되기 어려운 모양이라고 이해할 수도 있었지만 참고 대하기가 쉽지는 않았다. 지난번 살던 집의 옆집과는 형제만큼 가까이 지냈다. 지금도 대소사에 서로 연락하고 오가며, 평소에도 집안 사람처럼 그 부인이 안부를 물어온다. 이웃하고 살 동안에도 사이가 좋으니 얼마나 서로 편한지 모른다. 집이 비어도 서로 보아주고 살림 도구들도 필요할 때 빌려 쓰며 지내니 도움이 되었다.

한 개인의 삶이 이럴진대 나라의 경우 이웃나라와의 관계가 얼마나 중요하겠는가? 독도를 가지고 어이없는 생떼를 쓰는 일본을 보면서 이웃을 생각해 본다. 일본은 우리에게 어떤 존재인가? 백제와 고구려가 문화를 전달해 준 은인의 나라 조선이라든가, 백제 유민들이 거의 일본으로 건너가 백제의 후예들이 사는 나라 일본이라든가 하는 등의 고대사의 연구 과제를 이 글에서 직접적인 화두로 삼고 싶은 생각은 없다. 식민통치 35년간의 악몽을 되살려 내거나 우리나라를 빼앗을 때의 그 교활함과 무법함을 꼬집어 힐책하는 일을 접어 두고라도 일본은 오늘도 우리의 비위를 항상 꼬이게 만드는 나라인 것 같다. 그들 국민의 평소 개인 생활이 예의 바르지 않다면 좀 화가 덜 날 수도 있다. 남에게 폐를 끼치지 않는 생활, 예의 바른 태도, 이것이 그들 국민성이라 인식되고 생활태도 중 장점으로 꼽히는 덕목들이다. 유독 우리에게는 무례하고 경우 없고 폐를 끼치는 정도가 아니라 아예 저희 대신 우리에게 죽으라고 할 정도의 생각이 아니고서는 도저히 할 수 없는 일들을 서슴없이 저질러 대니 분통이 터지다 못해 억장이 무너질 지경이다.

우리가 위기에 처하면 기다렸다는 듯 자신들의 호기로 이용하려 드는 교활함 때문에 우리는 일본을 경계한다. 왜구를 막겠노라 물 속 깊이 누워있는 무령왕을 빼고라도 일본을 향해 두 눈을 부릅뜨고 있을 저 세상의 우리 조상들은 헤일 수 없이 많다. 6.25전쟁이 났을 때 일본의 참전의사가 전해지자 북쪽의 적을 놓아두고라도 총칼을 남으로 돌려 일본부터 막겠노라 기염을 토하던 이승만 대통령을 국수적인 반일주의자로만 볼 수 없는 바로 그곳에 우리의 비극이 뿌리하고 있다. 오랜 세월 동안 치근덕거려서 대마도를 먹어 버리더니 또 끈덕진 무경우를 계속해서 독도를 넘본다면 그 다음은 울릉도란 말인가? 도무지 말이 안 되는 일이다.

이웃끼리 사이좋은 나라보다는 나쁜 나라가 많다. 하지만 대부분 역사적 사실들에 그치고 현재는 평상을 유지하는 나라가 많다. 그것은 인류가 발전해 오면서 염치를 알게 된 결과인 것 같다. 옛날의 잘못을 가지고 계속 몰아세우는 것이 아니라 그때는 큰 잘못을 저질렀을 지라도 사실을 진실대로 밝히고 참회하고 사죄하는 수순을 밟아 역사도 제대로 남기고 용서를 바탕으로 새로운 이웃관계를 맺어 나가자는 것이 세계 문명국들의 공통된 태도요 실천이 아닌가 한다.

“고향도, 부모도, 아무것도 잘 기억할 수 없다.” 하여 우리를 울렸던 ‘훈 할머니’의 아픈 기억 말고도 우리에게는 아직 너무 많은 설움이 왜곡과 은폐 속에서 울음을 삼키고 있다. 정신대 문제를 인정하고 사죄하는 것으로 일본이 새로 태어나기를 기대해 본다. 연목구어임을 알듯 하면서도 이웃을 바꿀 수가 없기에 실낱같은 희망을 가져본다. (2009. 3.)

불지 말았으면

듣기만 해도 감미로운 말이 봄이 아닐까? 봄을 대표하는 것이 여러 가지 이겠으나 뭐니 뭐니 해도 그 중 으뜸이 봄바람쯤 될 것 같다. 겨우내 웅크리고 있다가 봄바람이 불기 시작하면 어깨를 좀 펴고 기지개를 켜며 슬며시 문을 열고 칩거를 끝내게 된다. 그 감미로운 봄의 전령사 봄바람이 올해는 좀 다른 얼굴로 우리에게 다가오고 있다.

2011년 3월 11일 진도 9.0의 강진이 일본의 경승지 센다이 부근에서 일어났고 잇따라 밀려온 파고 15m 이상의 해일이 덮쳐 순식간에 도시를 삼키면서 동일본 지진 쓰나미의 참극이 시작되었다. 일본열도를 여진의 공포에 떨게 한 것은 오히려 시작이었을 분이었다. 후쿠시마의 제1원자력 발전소의 전력선이 쓰나미에 딸려 나가버려 전력 공급이 끊기면서 새로운 재앙이 싹을 틔웠다. 6

기의 원자로 중 1,2호기를 제외한 3,4,5,6기 모두 4기의 원자로에 심각한 문제가 생기며 폭발하는 등 극한 상황으로 치달으면서 드디어 방사능 피폭자가 늘어가고 있다. 이제 촌각을 세어가며 원자력 재앙이 일어나지 않도록 하기 위해 원자력 전문 인력들이 목숨을 내걸고 사투를 벌이며 재앙을 막아보고자 피나는 노력을 퍼붓고 있다. 각국은 자국민의 보호를 위해 부국은 전세기를 동원하기도 하고 그렇지 못하더라도 일단 자국민들에게 일본을 떠나도록 권고하고 나섰다. 탈일본의 행렬은 끝없이 이어질 전망이다.

우리는 이웃이 당한 재난과 끔찍한 인명피해에 마치 내 일인 양 망연자실하고 있다. 독도를 갖고 망언을 서슴지 않던 못된 얼굴이나 35년간 우리를 강점하고 벌였던 갖가지 만행이나 더 거슬러 올라가 임진왜란 때 우리를 괴롭혔던 악운을 떠올리기에는 일본의 지금 처지가 너무도 참혹하다. 우리 착한 백성들은 누가 무어라 권유할 것도 없이 앞 다투어 이웃사랑 일념으로 걱정하고 위로하며 가슴 아파하고 있다. 사랑 실천도 좋지만 이러다가 역사도 모조리 잊어버리고 마는 것이나 아닐까싶은 객쩍은 생각이 들 정도로 진심어린 위로만 쏟아내고 있다. 문제는 후쿠시마 원전이다. 이미 터져서 상당량의 방사능이 유출 되어 하늘에 떠있고 바닷물에 섞여 버렸다. 민심을 술렁이게 한다고 유언비어를 삼가라고 하지만 현실은 이미 현실인 것을 어이하랴. 가까운 이웃이라고 그러는지 우리 정부는 아직 일본에 머물고 있는 우리 국민들의 일본 출국을 권유하지 않고 있는데 그것도 문제라고 생각한다. 다행히 아직은 바람이 북서풍이어서 그 불청객들이 태평양 바다 넓은 쪽으로 불어가서 우리나라에 영향이 없다고 하지만 안심할 일이 못된다.

광양에서 매화가 피고 지면 구례 산동마을에 산수유가 지리산에 연노랑 차일을 치고 제주에서 연분홍 벚꽃 비를 내리면 진해의 하늘이 벚꽃으로 덮이고 하루에 수 십리를 달려서 그 꽃물결이 서울의 천만시민의 가슴에 꽃구경을 나오라고 속삭이면 남산으로 여의도로 신들린 듯 사람들이 홀려 다니는 봄, 이것이 가난하고 힘들어도, 금융위기에 시달려도 우리네 백성들의 삶의 한 자락이었다. 그런 것이 올해 봄은 섬찟한 마음이 앞을 가로막는, 달갑잖은 일이 되게 생겨서 걱정이다. 살랑살랑 불어오는 봄바람이 아니라 설렁설렁 불어 댈 것 같아 목덜미가 서늘하다. 처녀 총각의 애간장을 녹이는 감미로운 봄바람이 아니라. 방사능을 잔뜩 싣고 오는 공포의 봄바람이 될까봐 미리 몸은 자꾸 움츠러든다.

다른 해 같으면 목을 늘이고 기다릴 그 봄바람이 올해는 불어 올까봐 걱정이다. 봄바람이 불지 않았으면 좋겠다고 비는 봄이 되었다. 제발 후쿠시마 원전이 비극으로 가는 걸음을 멈추고 기사회생해서 대재앙을 막게 되기만을 손 모아 빈다.

그러기에 원자력 발전소 같은 위험한 것을 왜 지어서 이런 일을 당하느냐며 원자력발전소 건립 자체를 반대하는 원칙론적인 원전 반대론이 다시 고개를 들 성 싶기도 하지만 그것은 하나만 알고 둘은 모르는 일일 수도 있다. 우리가 원자력 발전을 안 하고 살려고 한다면 우선 반대하는 사람 자신이 등잔불을 밝히고 살 수 있는 결단을 해야 한다. 지극히 사소하면서도 극단적인 예를 들고 있다고 몰아세울지 모르지만 원자력에 대한 설명을 좀 듣고 난 후에 이와 같이 살 자신이 없어서 그동안의 반대의견을 접었던 경험이 있기에 하는 말이다. 그러면 원자력은 자꾸 발전소를 짓고 방만하게 마구 써도 좋단 말인가? 아니다. 할 수 없이 쓰는 것이니 가능한 한 줄여 써서 수요를 줄여나가야 한다. 그래야 원자력 발전소를 하나라도 덜 짓게 되고 그렇게 하는 것만이 원자력의 위험으로부터 인류를 조금이라도 보호하는 일이 된다. 우선 자기 자신부터 겨울에는 좀 춥게 살고 여름에는 좀 덥게 사는 훈련부터 해야 되고 마음가짐부터 바로잡아야 한다. 에어컨은커녕 선풍기도 되도록 덜 쓰는 자세가 없이는 원자력 발전 자체의 건설여부에 대해 이러쿵저러쿵 할 자격이 없다고 본다. 종이도 한 번 더 쓰고 물 한 방울 아끼고 비닐봉지 하나도 씻어서 다시 쓰는 노력 없이 원자력 발전소의 안전문제로 건설을 반대하는 것은 어불성설이다.

인간이 언젠가는 제가 만든 사슬에 스스로 묶여 그것이 올무가 되어 망할 것이라는 생각은 대부분의 사람들이 갖고 있는, 어찌 보면 잠재의식 같은 수준의 것일 수도 있다. 자연을 정복해가며 사는 것이 발전이고 인간은 발전지향적일 수밖에 없는 존재이기는 하나 이토록 방만하게 자연을 파괴하는 일에 일말의 양심도 작동되지 않는 현대인의 생활습관을 고치지 않고서는 오늘 동일본 지진 쓰나미의 재앙이 더 이상 그늘만의 것일 수 없고 제2, 제3의 동일본 지진 쓰나미는 호시탐탐 우리를 노릴 것이다. 어쩌면 불을 보는 것 보다 더 정확할지도 모른다.

훈훈한 바람 한자락 불어와 귓불을 간지른다. 아 봄바람이다. 봄이로구나. 아무 생각 없이 그저 좋다. 가슴이 울렁거린다.

(2011. 3.)

가져가듯이 가져오면

구수한 냄새가 식욕을 돋운다. 어디서 음식을 만드나 싶어 두리번거리다 피식 웃는다. 아마 시장기가 들었나 보다. 이 산 기슭에서 무슨 음식 만드는 냄새가 나겠는가? 심호흡을 한 번 하고 다시 발을 옮겨 놓는데 두런두런 인기척이 들린다. 조금 더 올라가니 한옆으로 조그만 공간이 있고 거기 사람들이 둘러앉아 있다. 고개를 숙이고 후루룩거리는 사람, 목을 젖히고 국물을 마시는 사람, 제각기 한창 바쁘다. 구수한 냄새의 진원지는 바로 그곳이었다.

커다란 보온병에 작지만 김치 그릇까지 놓인 식탁을 보며 저것들을 가지고 오르느라 얼마나 힘들었을까 하는 생각에 한 번 더 쳐다보고 지나친다. 다른 운동 신경도 둔하지만 등산하고는 담을 쌓았다고 하는 편이 나을 정도인 실력으로는 그런 장비들까지 지니고 온다는 것은 엄두도 못 낼 정도라 그 사람들이 존경스러울 지경이다.

건강관리라는 명분으로 가끔씩 산에 다닐 때도 아예 빈 몸이다. 내 몸 하나 건사하기도 힘들어 누가 손을 잡아 끌어줘야 오르는 실력이니 어이하랴. 준비물을 상의할 때면 으레 자기 먹을 것은 각자가 준비해 오자는 게 내 주장이다. 나누어 들고 갈 수도 없고 그냥 빈 몸으로 가자니 미안하기도 해서 생각 끝에 결정한 것이 제 먹을 것 각자 가져오기다. 김밥 한 줄 달랑 싸서 품고 오면 되기에 하는 말이다.

조금만 더 가면 된다고 앞선 이가 격려하더니 이 조그만 내리막 하나만 지나 다시 오르는 게 마지막 고비길이라고 친절히 알려준다. 내려서는 길은 힘이 덜 들어 기분 좋게 내려간다. 발을 헛디딜까 봐 앞만 보고 가다가 경치가 아깝다는 생각이 들어 잠시 발을 멈추고 눈을 들어 하늘 끝부터 더듬어 내려와 산자락을 훑어 내린다. 역시 우리는 부자다. 산이 그렇게 좋을 수가 없다. 다음 주에도 오리라는 기약 없는 다짐을 되뇌며 다시 발길을 옮기려는데 저쪽 벼랑 끝에 웬 희끄무레한 것이 둔덕 같아 보인다.

지형이 그럴 리도 없고 좀 어색한 형세다. 가까이 가서 보니 컵라면 그릇들이 수북이 버려져 있는 게 아닌가. 라면 찌꺼기도 조금 있었고 젓가락 짝들도 어지러이 끼어 있었다. 속이 메스꺼워지면서 좀 전까지도 구수하게만 느껴지던 라면 국물 냄새가 역겹기 그지없다. 우리들의 식습관이란 게 국물에다 김치가 있는 밥을 먹어야 먹은 것 같은 만족감을 느끼기 때문에 이런 산에 오를 때조차 번거롭게 차려 와서 먹는 것까지는 탓하지 않아야 옳을지도 모른다. 빽빽한 밥을 먹고 체하는 것보다야 좀 힘들어도 갖고 오는 편이 더 나을 수도 있다.

그렇지만 그 다음이 문제인 것이다. 갖고 올라온 손으로 쓰레기도 되가져가야 되는 것을 왜 모르는 걸까? 스티로폼 그릇에 담긴 라면에 더운 물을 부어 불리는 동안에 용출되는 물질이 인체의 호르몬 체계를 깬다 해서 환경호르몬이라는 단어를 앞세운 전쟁이 라면업계를 뜨겁게 달구어 놓더니 금세 흐지부지해졌다, 괜찮다, 아직 잘 모른다, 조사 연구중이다, 하는 사이 우리는 어느새 그런 일이 있었다는 것조차 깨끗이 잊어버리고 무심히 컵라면, 사발면 등등의 이름이 붙은 용기라면을 다시 즐겨 먹기 시작한 것이다.

환경호르몬이라 불리는 그 물질들은 비단 라면 용기에서만 나오는 것은 아니라 한다. 같은 재료를 쓰는 유사 제품이 얼마든지 있다는 것이다. 또 자동차 가스가 쏟아내는 매연 또한 엄청나니 도시인들은 공해와 환경호르몬의 늪 속에 빠진 채 허우적대고 있다는 표현이 더 적절할지도 모를 일이다. 복제인간이 나왔다고 야단이 나더니 이제 젊은이의 불임률이 날로 상승곡선을 그리고, 청년의 정자 수가 40대 초반의 것에 못 미친다는 보고들이 속속 우리의 뒷덜미를 치고 있다.

저 쓰레기의 주인들은 무엇 하러 산에 올랐을까? 아마 나처럼 큰 철학 없이 남이 가니까 그냥 따라 올라와 본 사람들인지도 모른다. 아니면 자신의 건강에 아주 강한 집착을 지닌 장수광신도들인지도 모를 일이다. 내게 좋으면 그만이지 남이야 상관 않겠다는 이 정도의 무관심이라면 평생 스트레스 받을 일 없을 터이니 그것만으로도 이미 장수열차 티켓을 거머쥔 셈이 되려나?

무엇 때문에 오래 살아야 되나 곱씹으며 하늘을 본다. 한심한 사람들이 이고 있는 하늘이건만 그래도 제법 파랗고 맑은 걸 보니 하나님은 확실히 인간을 사랑하시나 보다…. 우리 일행은 쓰레기를 나누어 들고 다시 발을 내디뎠다. 어서 올라갔다 내려와야 집에 가서 구수한 된장찌개라도 끓일 수 있을 것 같아 발길을 재촉해 본다. 해는 어느새 설핏 서쪽으로 방향을 잡았다.

(1998. 5.)

3

경복궁에서 만난 행운

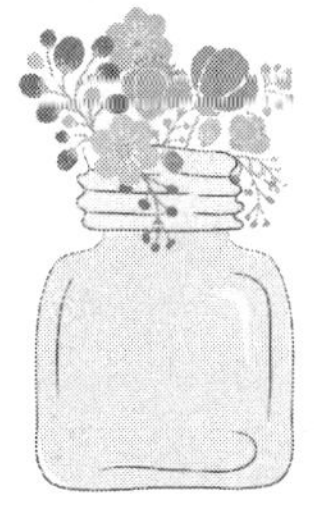

_ 노블레스 오블리주의 실천자

_ 거대한 보물창고 장판각

_ 경복궁에서 만난 행운

_ 꺽정이 형님 미안해요

_ 참담한 배신감

_ 그날 4월18일 거대한 역사의 전환점 한 가운데 섰던 행운

노블레스 오블리주의 실천자

오늘 우리가 문학 세미나를 제주로 가는 것은 여러 가지 의미가 있다고 본다. 세미나를 시작한 지 스무 해가 되는 '『수필문학』 하계세미나 20주년'을 기념하는 해에 그동안의 틀을 좀 깨고 휴식과 낭만을 큰 주제로 정하고 방담과 한담을 주로 한 진정한 쉼을 가져보고자 이런 방식을 택해 보았다. 비행기로 1시간이 채 안 걸리면 내리 꽂히는 제주항에 장장 13시간을 바다에 떠서 찾아가고 있는 우리의 행보를 보고 혹자는 웃을지 모르지만 이 속도의 시대에 천천히 하기를 뜻 맞는 글벗과 함께 해보는 것은 행운에 속하는 재미가 될 수 있다.

우리는 이번 가는 길에 제주 관광의 일반적 코스에서는 밀려나 있는 곳들을 찾아 우리들의 가슴과 그들의 가슴을 맞대어 보고자 한다. 그 중에서도 김만덕을 먼저 불러내 보고자 한다. 김만덕은 얼마 전 KBS TV에서 '거상 김만덕'이라는 드라마를 방영함으로서 우리 곁에 친숙하게 다가왔다. 김만덕은 조선왕조실록에 등장하는 여인이다. 왕조실록에 여인이 등재되기도 흔치 않은 일이지만 그 중에서도 선행으로 기록되기는 더 어려운 경우가 아닌지 모르겠다.

김만덕은 1739년(영조 15년)에 제주에서 김해 김씨 문중에 김응열의 딸로 태어난다. 아버지 김응열은 중개상인이라고 전해지는데 KBS 드라마 작가는 중급 관리로 설정해 놓고 있다. 김만덕은 12살에 고아가 되어서 친척집에 의지하여 살다가 기생집에 의탁하게 된다. 자라서 기녀가 된 만덕은 그제야 기녀가 천한 직업임을 실감하고 자신이 양인(良人)임을 제주목사 신광익에게 탄원하며 자신의 신분이 양인이었음을 증명해 보인다. 그런 노력의 결과로 드디어 양인의 신분을 되찾는데 성공한 김만덕은 기생집을 나와 상업의 길에 들어선다. 천신만고 끝에 객주를 차리는 정도까지 성공한 만덕은 본격적인 상인의 길을 걷게 된다. 천부적인 상재가 뛰어난 데다 자신의 일을 열심히 하고 신용을 생명으로 하는 등 나름대로의 경영철학을 가진 김만덕은 제주 특산물인 귤, 미역, 말총, 양태(갓의 재료), 전복, 진주 등과 육지의 옷감, 장신구, 화상품 등 제주에 없는 것들을 서로 교환 판매하는 방식을 도입 하는 등 남다른 상재를 발휘하여 거상이 된다.

18세기 초 부터 모내기(이앙법)의 등장으로 농업기술이 발전 되면서 상업도 크게 발전하기 시작하는데 김만덕은 여성이지만 이러한 시대적 흐름을 읽을 수 있었던 큰 장사군 이었던 것이다. 자신이 어려웠던 어린 시절의 기억을 잊지 않고 어려운 사람의 입장에 설 줄 아는 열린 마음의 상인으로 우뚝 서게 된 김만덕은 그러한 점 때문에 더 장사를 잘 할 수 있어서 결과적으로 거상이 되기도 하고, 거상이 된 후에도 노블레스 오블리주의 실천자가 되어 지금 까지 크게 추앙 받는 상인으로 기억되고 있다. 그의 생활이 검소하고 겸손했던 것은 말 할 것도 없다.

1793년, 김만덕이 54세 되던 해부터 제주는 미증유의 흉년에 시달리기 시작한다. 흉년이 무려 3년이나 계속되자 온 제주도민이 다 굶어죽을 지경에 처하게 된다. 견디다 못한 제주목사가 곡식 2만석이 없으면 제주도민이 모두 아사 할지도 모르니 긴급히 구휼미를 보내달라고 조정에 장계를 올린다. 조정에서는 논의 끝에 곡식 2만석을 급히 내려 보냈는데 그 배가 모두 침몰해 버려서 제주도민은 아사를 면키 어렵게 되고 말았다.

이런 위급한 상황이 되자 김만덕은 그동안 자신의 광을 연 것에 그치지 않고 전 재산을 털어 쌀 500석을 육지에 가서 급히 사들여오게 해서 450석을 전량 구휼미로 쾌척하였다. 이렇게 해서 제주도민은 아사를 면하고 흉년을 견뎌낼 수 있게 되었다.

제주 목사는 이러한 김만덕의 행적을 적어 크게 상 주어야 한다고 장계를 조정에 올렸다. 전 재산을 아낌없이 바쳐서 노블레스 오블리주를 실천한 김만덕을 자랑하고 싶기도 했을 것 같다. 조정에서는 치하할 방법을 찾기 시작했다. 제주 목사로 부터 올라온 장계를 읽어본 정조는 우선 김만덕의 소원을 알아보라고 하명한다. 자신의 백성을 굶주림에서 구한 만덕에게 무엇이든지 원하는 대로 다 들어주겠다는 왕의 대단한 포상 방침을 우선 밝힌 셈이다.

임금의 명령을 전한 제주목사에게 김만덕이 아뢴 소원은 돈도 아니고 명예도 아니었다. 한양에 올라가 입궐하여 임금님을 친히 배알하고 금강산을 구경하는 것이 소원의 전부였다. 부귀도 명예도 아닌 아주 소박한 소원인 듯 했지만 당시의 국법으로 볼 때는 어려운 소청이었다. 제주도민은 섬 밖으로 나갈 수 없는, 즉 출륙금지령(出陸禁止令)이 있었기 때문이었다.

이 법을 근거로 해서 조정에서는 논란이 벌어지고 급기야는 국법을 업신여긴 방자한 언행인을 논박하며 오히려 벌줄 것을 주청하는 신료까지 나타났다. 미천한 상인의 신분으로 국법을 어기면서까지 주상을 뵙겠다는 것은 당연히 단죄받아 마땅한 죄라는 것이 그들의 주장이었다. 이에 정조는 "천한 상인의 신분, 그것도 아녀자인 김만덕이 짐의 백성을 아사 지경에서 건져낼 때 그대들은 무엇을 했는고?" 라고 힐난하였다.

정조는 김만덕의 소원을 들어 주면서 신료들의 반대에 근거하여 천한 신분이 아닌 "의녀반수"의 신분으로 당당히 상감을 배알 할 수 있는 조치를 아울러 취해 주었다. 내의원의 직급을 내려준 것이다. 김만덕은 제주 사람들이 부르던 의녀(義女)에서 정조가 내린 내의원 의녀(醫女)가 되어 당당히 입궐하여 정조를 친히 배알하고 금강산을 구경한 후 제주로 다시 돌아가 73세(1812년 순조 13년)를 1기로 이승을 떴다.

김만덕의 묘는 당초에 가운이 마루 길가에 조성되어 있었는데 1977년 정월 제주시 건입동의 모충사로 이묘 되었다. 묘 옆에 김만덕 기념관도 짓고 제주도가 만덕상을 제정해서 한라문화제 때마다 모범 여인에게 그 상을 수여하여 김만덕을 기리고 있다.

우리 역사상 최초로 여성 인물을 화폐에 넣자는 운동이 전개 되었을 때 신사임당과 더불어 류관순과 김만덕이 화폐인물 선정을 놓고 백중전을 벌이기도 했다. 김만덕은 제주도민들만의 자랑이 아니라 이 나라 여성과 상인들의 귀감이 되고도 남을 훌륭한 여성이다.

역사학자도 아닌 필자가 외람되이 이글을 쓰는 이유는 평생을 여성운동에 매진 해 온 사람으로서 여성학자로서 자부심을 가지고 크게 소리치고 싶어서이다. 세계사 전체 속에서도 이만한 여성을 찾아내기 힘들 것 같은 자신감이 있기에 이번 세미나의 탐구인물로 함께 살펴보기 위한 이야기의 물꼬를 트고자 할 뿐이다.

뒤 이어서 찾아갈 추사와 이중섭도 우리의 심금을 울려 줄 것이라고 믿어 의심치 않는다.

(2010. 7.)

거대한 보물창고 장판각

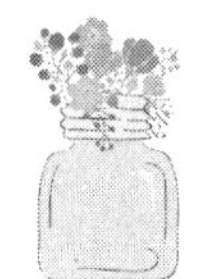

사람들의 흔적을 얼마 동안이나 오래 보존하며 진해 내려 보낼 수 있을까? 누구든지 자신의 자취나 기록들이 오래도록 기억되고 보관되기를 바랄 것이다. 후손들에게 자랑스러운 조상이 되기를 바라는 소망 또한 그런 이유에서 비롯되는 일이라고 볼 수 있다. 우리는 산업화를 급속하게 거치면서 전통이라고도 하고 역사라고도 할 수 있는 이런 흔적에 속하는 것들을 너무 쉽게 잊고 또 내다 버린 부분도 많다. 당장 필요하지 않거나 사용이 불편한 것들은 무차별적으로 버림을 받았다. 마치 그런 것들이 우리들 가난의 원인이기라도 한 것처럼 미워하기까지 했다 해도 과언이 아니다.

생활용품 중에서는 유기그릇이 대표주자쯤 되고 정신적 분야에 속하는 것들 중에서는 집집마다 몇 권씩은 있던 고서적이나 고문서들이 고물

장수의 손수레에 아주 쉽게 실려져 나가 사라졌다. 운 좋게 고서 수집가의 손에라도 걸린 것들은 다시 갱생의 길을 갈 행운을 누릴 수 있었을지 몰라도 대부분은 엉뚱한 변신을 하면서 망가져 갔다. 도배의 초배지로, 혹은 휴지로 쓰이거나 했고 좀 나은 경우가 새로운 공예품의 자료로 쓰인 것이 아닐는지. 반만년의 가난을 벗어났다는 최근에 와서야 이런 일들의 소홀했음을 개탄하면서 전통을 다시 살리는 일들의 시작과 더불어 옛 물건, 고문서, 고서적 찾기에 눈을 돌리기 시작했다.

특별히 선택 받은 행운을 누리며 지금 거대한 보물창고 한 가운데 서 있는 기분이 묘하다 못해 자못 흥분상태다. 안동의 국학진흥원 장판각 안에는 엄청난 분량의 고서적과 고문서가 보관되어 있다. 장수로 치면 수십만 장이 아니라 수백만 장이 될지도 모른다. 왕실 도서를 관장하던 규장각의 역할은 국립 서울대학교가 하고 있고 왕실의 모든 문서류는 한국정신문화연구원이 하는데 민간인들이 갖고 있던 사문서와 서책들은 각자 집에서 보관되고 있어서 그동안 비전문적 보관으로 많이 망실 되거나 훼손 되어 왔다. 이제 그 정도가 심각해져서 우리의 아까운 유산들이 사라질 위기에 있다는 자각이 일어났다. 게다가 안동을 비롯한 전국 각처의 종가, 재실 등에서는 빈번한 도난사고가 일어났고 우리의 귀중한 문화유산들은 그들 도둑이 노리는 종요 표적이 되었다. 이러한 상황을 타개하고자 년 전에 안동시가 국비 50%. 경북도비 30%, 안동시비 20%의 예산을 확보하여 국학진흥원을 신축 개원하게 되었다. 국학진흥원의 장판각은 민간인들이 소장하고 있는 고문서, 고서책 등의 종이 문서와 간찰 목판들을 기증 받아 분류하여 전문적으로 보관하고 있는 시설이다.

기증 받으면 전문적 방법과 기준에 따라 분류해서 보관하기 때문에 개인이 가지고 있는 것보다 훨씬 오래 보존 할 수 있으며 망실이나 훼손, 특히 도난의 위험에서 벗어날 수 있는 장점을 지니고 있다.

지금 서 있는 곳이 바로 그 보관소인 장판각안의 진열대 앞이다. 목판들이 질서정연하게 정리되어 깔끔하게 꽂혀져 있는 책꽂이가 꽉 들어 차 있는 광경은 장관일 뿐만 아니라 저절로 머리가 숙여지며 매무새를 가다듬게 만든다. 조상들의 얼이 그대로 묻어날 것 같은 그 목판들의 주인들은 정성스런 후손들 덕택에 지금 흐뭇한 마음으로 이 장판각안을 내려다 보고 있으리라는 생각에 괜히 마음이 가벼워지녀 부럽기까지 하다. 이 목판들을 가져오려고 가보면 농촌의 경우는 거의가 광 구석에 사과나무 상자 속에 있어서 쥐가 쏠은 경우도 많고, 도시에 가면 베란다 구석에 사과나무 상자 속에 담겨져 있는 것이 대부분이었다는 직원의 설명은 괜히 얼굴을 붉어지게 만든다. 그 사람들을 흉보기에 앞서 바로 우리들 자신의 모습을 보는 것 같아서 인가 보다.

한 집안에서 기증한 것은 한 자리에 나란히 진열 보관하기 때문에 명절이면 자손들이 아이들 까지 다 함께 와서 조상의 유품을 찾아보고 예를 표하기도 한다니 참 괜찮은 것이라는 생각이 든다. 우리 집에 있는 유품들도 정리해서 기증하고 싶은 마음이 생긴다. 집에 돌아가면 가족회의라도 열어야 할까보다. 액자로 해서 보관하고 있는 것과 오래 된 족보 등은 전문보관이 필요한 상태이니 결정해볼만한 일이다.

살아있는 부모를 시설에 맡기는 세상이 되더니 이제 조상님의 흔적조차 시설에 맡기는 것이 묘하게 대비외어 착잡한 심정이다. 하지만 제대로 보존하지 못하고 훼손하는 것 보다야 맡기는 것이 백번 나을 것 같다. 그나저나 조상의 것은 갖고 있는데 바로 나 자신의 것은 맡겨질 만한 것이 있을지 의문이니 그것이 난감한 일이다.

(2008.12.)

경복궁에서 만난 행운

사람의 일은 한 치 앞을 내다볼 수 없다. 우리는 수없이 많은 경험 속에서 어떤 일을 다반사로 당하고 사는 동안 그 부분에 관해 아예 면역이 되고 만 기분이다. 자신의 의지대로 무슨 일들이 이루어지는 것도 아니고, 하고 싶은 일만 하고 살 수 있도록 내버려 두지도 않는다.

1974년 5월 17일 경복궁은 아침부터 술렁이기 시작했다. 때아닌 여인들의 호사로 온 궐내가 알록달록 곱게 물들고 색다른 생동감이 관광객의 발길까지 삽이매고 있었다. 대한주부클럽연합회가 신사임당의 기일을 기념일로 정해서 행사를 벌이는 신사임당의 날 기념행사가 개최되고 있었다. 이미 다른 부서의 회원으로 가입되어 활동 중이기도 했지만 그보다는 여성단체협의회 직원의 신분으로 회원단체 행사에 참여하느라 일찍부터 부산을 떨고 나와 있는 입장 이었다. 모처럼 여인들이 곱게 차려입고 나오는 날이라 해서 나도 장롱을 지키고 있던 꼬까옷을 꺼내 입고 나온 길이었다. 옷이 치렁거려 옷 주체에 신경을 쓰며 이리저리 행사 구경을 하느라 기웃거리고 다녔다.

사임당 신 씨가 지녔던 기량을 분야별로 나누어 백일장을 벌이고 있는 행사장은 엄숙한 분위기에 고궁의 나들이 기분은 완전히 압도되고 있었다. 한 쪽에서는 먹을 갈아 글씨를 쓰고, 그림을 그리는가 하면 그 옆에서는 바늘에 색실을 꿰어 열심히 수를 놓고 있다. 넓은 잔디밭과 나무 그늘 밑에서는 원고지를 메우느라 숨소리도 죽이고 있는 듯한 적막이 내려앉고 있다. 글쓰기에 여념이 없는 여인들을 바라보면서 내발은 땅에 붙어버렸나 보다. 부럽기도 하고 나도 써 볼걸 그랬나하는 회의가 일기도 하고, 왜 진작 출전할 생각을 못 했을까 하는 아쉬움 등으로 머릿속이 복잡해졌다. 내년에는 정말 나도 준비하고 와야겠다고 벼르며 심상한 척 구경을 하고 있을 수밖에 다른 방도가 없었다.

여러 개의 글제가 붙었는데 '길'이라는 제목이 가슴을 두드린다. 그래 모든 길은 왕복이 가능한데 왜 저승길만 편도인 것인가? 어머니도 돌아올 수 있는 길이 있다면 얼마나 좋을까? 사임당은 율곡이라는 훌륭한 아들을 두어 더욱더 빛을 보게 된 듯한데 나는 어머니를 빛내줄 수 있는 사람이 될 수 있을까? 아까부터 치밀던 어머니 생각이 자꾸 눈을 아프게 했다. 길이 잘 뚫려서 순탄히 가기도 하고, 신호에 자꾸 걸리면 더디 가기도 하는데 내 인생길은 지금 어떤 상태이며 내 길은 어떤 길일까? 꼬리를 무는 생각으로 머릿속에서 나도 몰래 글을 써나가고 있었다.

10시부터 시작한 백일장이 11시가 넘으니 원고를 다 쓰고 검토하는 사람들이 눈에 띄기 시작했다. 나도 머릿속 생각을 그냥 두기 아까워 메모라도 하려고 좀 후미진 곳을 찾아 나섰다. 몇 걸음 옮기는데 누가 등을 탁 친다. 돌아보니 시를 쓰는 C가 어디서 무얼 하고 있었느냐며 아까부터 찾았단다. 본부석 쪽에서 일을 도우며 구석에 있는 나를 찾을 수가 없었을 것은 당연한 일이다. 여러 소리할 것 없이 12시 마감인데 12시 30분 까지는 원고를 받기로 연기 했으니 어서 써서 내라며 원고지와 펜을 내민다. 이미 접수해 놓고 나를 찾았다는 것이다.

C는 가버리고 원고지와 펜만이 손에 들려 있었다. 남들은 지금 원고를 다듬고 있는데 이제야 시작을 하다니 그것은 아무래도 만용이었다. 시계바늘은 11시 30분을 넘어가고 있었다. 순간 무엇에 퉁겨지듯 내 졸필은 원고지를 숨 가쁘게 메워나가고 있었다. 마음이 후련해졌다. 8장쯤 썼던 것 같다. 12시경에 원고를 낼 수 있어 폐를 끼치지 않아서 좋았다.

이렇게 해서 운명이 바뀌었으니 C여사는 은인인 셈이다. 겨우 등수 안에 들어간 덕으로 새롭게 뜻을 세워 문단에 들어오게 되었으니 이날의 입상을 나름대로 등단으로 치부하고 있다. 어릴 적에 가졌던 꿈을 접었다가 우연한 이날의 일로 문학의 길을 걷게 되었으나 여성운동에 몸담고 바쁘게 지나느라 추천의 과정은 뒤늦게 서야 밟게 되었지만 묵은 씨앗의 눈을 틔운 사임당의 날 예능대회는 내게 큰 계기가 되어 주었다. 실력이 늘어야지 등단 절차가 뭐 그리 큰 대수냐 싶어 혼자 쓰고 시문회 라는 사임당 행사 입상자들의 모임을 만들어 그 동인 활동을 통해 열심히 공부했지만 지나고 보니 잘못한 판단이었다. 시간도 없었지만 나름대로의 잘못된 생각으로 시간을 많이 허송하고서야 뒤늦게 추천완료 절차를 밟았다.

늦깎이 등단이 되었지만 그 긴 세월 동안의 외곽 방황을 만회하고자 열심히 썼다. 여전히 필력의 허약함이 한스럽기는 하지만 그래도 제 길을 찾아 든 후에 눈이 좀 떠진 것 같다. 남은 시간이 얼마나 될지 알 수 없지만 열심히 써가면서 단 한편의 작품이라도 기억 될 수 있게 남기고 갈 수 있으면 좋겠다는 바람이 있을 뿐이다.

(2009. 2.)

꺽정이 형님 미안해요

잘 꾸며진 무대를 물위에 날렵하게 올려놓은 것 같다. 푸른 물을 지켜주기라도 하겠다는 양 물 가운데 우뚝 서 있는 큰 기둥 같은 저 바위는 무엇일까? 뭉게구름 두둥실 뜬 하늘이 그 위에 차일처럼 사뿐히 내려앉아 있으니 더 운치 있게 보인다. 어찌 보면 우리나라 여러 곳에서 볼 수 있음직도 한 풍광이다. 유난히 멋스럽게 보이는 것은 따뜻한 물속에서 나긋나긋해진 내 몸의 말초신경 덕인지도 모른다.

맑다 못 해 사뭇 푸르스름한 물속에서 별로 곱지 못한 내 살갗도 비단결 같아 보인다. 주말이면 친구네 농장에 심심찮게 드나든 덕택에 제법 그을린 팔뚝 살도 허여멀겋게 보인다. 게르마늄이 많이 들어 있다는 안내문이 떠올랐음인지 피로가 사르르 녹아내리는 것 같다. 나른함이 쾌감으로 이어지는 바로 이 맛 때문에 온천욕의 유혹을 떨쳐내기 어렵다.

한참 몸을 담그고 난 후 벽에 붙어 있는 온갖 설명문들을 읽어보기 시작한다. 그 잘 난 호기심의 발동은 때와 장소를 가리지 않는 모양이다. 읽고 돌아서면서 잊어버리지만 각종 성분의 효능들에 대해 최고의 찬사를 아끼지 않는 설명문들을 열심히 읽어간다. 몸에 좋다는 것과 동의보감에 근거한 설명임을 담고 있는 말들은 성분설명에 대한 요약으로는 크게 나무랄 데가 없을 것 같다. 습관적으로 심상히 읽어가던 눈을 붙잡는 좀 색다른 제목이 있다. '고석정' 어째 성분 이름으로는 안 어울리는데 귀에 익은 이름이다. 맞아, '고석정' 몇 년을 벼르다가 오늘도 그곳을 갈 목적으로 여기 오지 않았던가? 세미나도 세미나지만 발길을 이곳 철원으로 이끈 최대공신은 바로 저 고석정이다.

눈앞에 내려다보이는 것이 고석정임과 그 운치를 더하기 위해 이 자리에 온천욕장을 만들었다는 연유 설명이 이어져 있다. 숲에 들어가면 숲을 볼 수 없듯이 고석정에 가면 고석정의 전체는 볼 수 없을 터이므로 약간 높은 곳에서 관망할 수 있도록 이 자리에 욕장을 열고 고석정의 꼭대기까지 내려다보게 해 놓은 것이다.

임꺽정의 은거지였다는 점 때문에 보고 싶었던 곳이다. 철원팔경의 하나임을 익히 들어왔지만 경치에 대한 기대나 관심은 별로 없었던 게 솔직한 고백이다. 향내 속에서 살면 향내를 잘 모르듯이 경치 좋은 곳을 자주 다니다 보니 우리나라 어디든 비슷비슷하게 다 좋아서 지역마다의 팔경에 실망할 때가 자주 있어서이다. 지금 눈앞의 고석정은 그런 선입견을 싹 날려 버리고 있다. 목욕 후 찾아가려 했는데 뜻밖의 행운을 얻은 기분이다.

기대가 적었던 터라 감동이 큰지는 몰라도 빼어난 절경이다. 조붓한 협곡 가운데 오뚝 선 모양새가 사람의 발길을 잡을 만하다. 그 좋은 풍광을 그냥 둘 수 없어 정자 하나 붙여 짓고 시문을 즐겼다는 선인들 덕에 얻어진 고석정이라는 명소, 한 폭의 그림이다. 정자는 옛것이 아니지만 그거야 관심 밖이다. 역시 사람의 작품보다야 하나님 작품이 일품이다.

턱에 물이 찰랑거리도록 몸을 푸욱 담가본다. 이른 아침이라 두 세 명이 넓은 욕장을 전세 낸 기분이다. 발끝부터 나른해지는 유쾌한 전율을 즐기며 사르르 눈이 감겨온다. 꺽정이 형님은 지금 나와 같은 이런 여자가 관심의 대상이 아니었다. 눈 뜨면 일만 하고서도 우는 어린 것 입에 빈 젖을 물릴 수밖에 없는 그런 여인네가 관심의 표적이었다. 목에 차오르도록 실컷 먹고 돌아 나오면서 살을 빼야 된다고 헛소리 닮은 푸념을 일삼는 나 같은 여자가 자신에게 관심을 갖는 것조차 임꺽정은 불쾌할지도 모른다.

꺽정이 형님 미안해요. 그래도 당신이 좋은 걸 어떡합니까? 헤설픈 푸념을 읊조리며 몸을 움직여 본다. 부글부글 끓어오르는 물 펌프위에 몸을 맡기고 두툼한 뱃살을 꼬집고 앉아있다. 전화번호부 두께로 잡히면 비만이 중증이라는데 지금 내 손에 잡히는 이 뱃살보다 두꺼운 전화번호부는 아직 못 본 것 같다.

남을 괴롭히거나 못살게 하고 뺏어 먹은 살은 아니지만 많은 것을 누리고 산 것만은 사실이니 임꺽정이 좋아할 리야 없지만 그래도 임꺽정의 흔적을 밟으러 어서 저 곳에 가야 한다. 아침밥을 먹기 전에 다녀오려면

서둘러야겠다. 게르마늄과 기타 좋은 성분들이 몸속의 노폐물과 못 된 것은 물론 뱃살 까지도 빼 줄 것 같은 달콤한 유혹을 뿌리치고 그만 일어나야 한다. 엄마 젖가슴을 파고 들 듯 새삼스레 몸을 물에 담가보고 일어선다.

계단을 조금 내려오니 바로 정자가 마중한다. 인종 때 처음 지었다고 되어있으나 그때 것이 아니라 별로 매력이 없다. 임꺽정이 숨어 있던 석굴이 있다는 그 돌기둥 같은 꼬마 섬(?) 이 돌 바윗길로 이어져 있어 쉽게 건너갈 수 있게 되어있다. 여름이지만 비가 적게 온 터라 길이 열려 있다. 비가 많이 내려 물이 차면 온전히 물 가운데 기둥을 세운 형세가 된다는 설명이다.

고석정 정자 쪽에서 보면 그 바위를 중심으로 부챗살 방향으로 양쪽으로 물길이 트여 푸른 물이 휘돌아 흐른다. 어느 쪽으로 들어온 물이 어디로 흘러가는지 가늠이 안 될 정도로 물은 넘실넘실 춤을 춘다. 이 지형이 천연의 요새여서 관군들이 임꺽정을 못 잡았다는 얘기이다. 바위를 타고 오르다가 석굴 입구는 고사하고 바닥쯤에서 포기하고 모래 위를 걸어본다. 조그만 협곡에 모래가 어찌 이리 곱고 보드라울 수 있을까? 물가 끝까지 나아가 수평선 끝을 본다. 수평선 너머로 배들이 가득 밀려온다. 조선 병사들이 일제히 화살을 퍼붓는다. 나는 한껏 몸을 낮추어본다.

아무리 우리 수군이 약하고 국가의 방어력이 형편없었다 할지라도 임꺽정 한 사람을 못 잡을 정도의 관군은 아니었을 것 같다. 이 좁은 곳에서 버텬들 몇 날이나 견딜 수 있단 말인가? 먹을 것을 구하기 위해서라도 드나들어야 했을 것이니 그때라도 마음만 먹으면 왜 못 잡았을까 보냐 싶은 생각에 쓴 웃음이 흘러나온다. 관군은 꺽정이 형님을 못 잡은 게 아니라 안 잡은 게로구나.

근거야 있건 말건 떠오르는 생각을 굳이 막고 싶은 생각도 없다. 임꺽정이 나올 수밖에 없었던 상황에 대한 이해와 관군을 조롱하며 활개 치던 정황을 상상하며 몇백 년이 지난 오늘에도 그것이 황당한 일 아닌, 손뼉 치고 싶은 일이라면 그것이 문제가 아닌가? 저 바위 꼭대기 위 갈 꾸며진 무대에서 춤판이나 한번 벌이고 싶다.

진정 임꺽정이 원했던 세상, 사람이 살고 싶은 세상이 되었다고 신명나는 축제 한 마당 벌일 수 있었으면 좋겠나.

(2000. 8.)

참담한 배신감

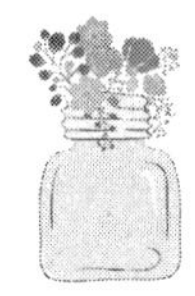

노무현 전직 대통령 일가를 둘러싼 검은돈의 진위여부를 가려내기 위한 검찰의 수사 관련 보도에 접하면서 우리는 말로 다 표현 할 수 없는 배신감과 허탈감에 말을 잃을 지경이다.

입만 열면 민주와, 구습으로 부터의 탈피와 청렴을 주문처럼 쏟아 내던 사람이 어떻게 집 사람이 돈을 받았는데 자신은 몰랐다가 나중에 알았다는 야릇하기 이를 데 없는 변명으로 하늘을 가리려 하는지 한심하기 그지없었다.

친형, 아내, 아들, 조카사위까지 등장하는 이 냄새 나는 드라마의 출연진은 이들 가족과 공급자인 절친한 친구들이다. 단순히 돈만 받은 것이 아니라 갖가지 가증스러운 방법을 동원하여 돈을 요리조리 보냈다가 가져오는 등 속임수라고 밖에 할 수 없는 행태의 일들이 진행된 것 같은 보도를 보면서 우리는 떨리는 가슴을 진정시키기 힘들다.

국가의 위신을 추락시키고 국민의 자존심을 여지없이 짓밟은 이런 처사는 그 진위여부는 말할 것도 없을 뿐만 아니라 그 과정 까지도 낱낱이 수사해서 그 뿌리를 완전히 뽑아내야한다. 이렇게 하는 것만이 이런 치욕적이고 불행한 사태를 근절 시킬 수 있는 첩경이기 때문이다.

가슴조이며 일의 전말을 지켜보는 우리 국민의 심정은 참담하기 그지없으며 작금의 보도 내용이 실제 상황의 빙산의 일각이 아니기를 바랄 뿐이다.

노무현 대통령은 하루빨리 진실을 밝혀서 국력의 낭비를 막고 국민의 타오르는 분노를 잠재워야 할 의무가 있다. 그것이 자신을 대통령에 뽑아 주었던 국민들에 대한 최소한의 양심임을 명심해야한다.

작금의 보도내용이 사실로 밝혀진다면 준엄한 법의 심판을 받는 것이 마땅한 일임에도 불구하고 마치 정치보복이라도 되는 듯 호도하는 부류가 있다면 그 또한 응분의 처벌을 면치 못할 것이다.

부끄럽고 추악한 일은 이제 역사적 종지부를 찍어야 한다. 이번 일이 타산지석이 되어서 우리나라가 국가 청렴도 상위권에 진입하는 전화위복의 게기가 되기를 바라는 것으로 작은 위인을 삼으며 수사 결과와 노무현 전임 대통령의 양심에 입각한 처신을 지켜보겠다.

윗글이 채 세상 구경을 하기도 전에 노무현 전 대통령은 자신의 발로 자신을 심판하고 말았다. 자기 집 뒷산의 부엉이 바위라는 곳에서 벼랑 아래로 몸을 날려버림으로써 그야말로 벼랑 끝 전술로 생을 마감했다. 우리는 전통적으로 죽은 자에게 관대한 문화를 지니고 있다. 스스로의 죽음을 미화하는 예우는 너무 많은 백성들이 다 하였기에 역사적 소명의식을 갖고 소박한 아낙의 마음을 그대로 밝혀 역사에 보태고자 한다.

이제 다시는 불행한 전직 대통령의 뒷모습을 보지 않는 행복한 대한민국 백성이 되고 싶다.

(2009. 6)

그날 4월 18일,
거대한 역사의 전환점 한 가운데 섰던 행운

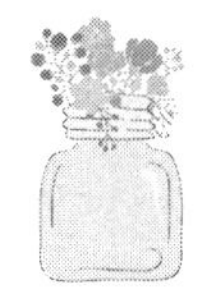

그날도 설레는 마음으로 학교에 갔다. 가슴 부푼 대학생활이 시작된 지 반달 정도 시났으니 아직도 세상이 온통 내 것인 양 들뜨는 마음을 어떻게 주체할 수가 없었다. 하지만 3.15 부정 선거가 원천무효라고 온 나라가 부글거리고 있어 영 즐겁기만 할 수도 없었다. 술렁대는 학교였지만 학업은 조용히 진행 되었다.

마산 앞바다에 떠오른 김주열 군의 처참한 시신 때문에 부르쥔 젊은이들의 주먹이 쉽게 펴질 것 같지 않은 분위기가 심상치 않았다. 눈에 최류탄인지 무언지 아무튼 탄환이 박혀서 숨진 당시 고등학생 교복차림의 김주열군의 시신은 그동안 겨우 참고 있던 국민들의 분노라는 뇌관에 불을 붙이는데 충분한 불씨가 되었다. 당시 여학생회관인 금란실벽에 붙은 사진을 보면서 우리는 모두

울부짖었다. "이럴 수는 없다."고.

대학 생활의 낭만 같은 것은 생각할 겨를도 없이 정신없이 지나간 보름 남짓한 날들이 민족의 운명을 바꾸는 엄청난 역사의 거대한 수레바퀴를 숨 가쁘게 돌리고 있었다. 안암골의 호랑이들은 석탑이 세워진 목적을 너무나 잘 알고 그 뜻에 맞는 걸음들을 옮기고 있었던 것이다. 바로 우리들 신입생의 환영회를 준비한다는 포장으로 당국의 눈을 잘 가리워 가면서 크고 작은 일들을 확실히 진행시켜 나갔다. 신입생 환영회 선물이라는 수건은 '고대'라는 두 글자도 선명히 4.18 혁명 당일 훌륭한 머리띠가 되어주었을 뿐만 아니라 젊은 가슴 깊은 곳의 뜨거운 피를 맘껏 끓여 올리는 용광로가 되어주었다. 그것이 전교생의 마음을 하나로 묶는 일체감의 선봉장이 된 것은 지금 생각해도 싱그러운 웃음이 묻어나는 멋진 연출이 아닐 수 없다.

1960년 4월 18일 오전 9시 학교에 갔다. 농과대각 건물의 강의실에서 국어강의를 듣고자 1교시 수업시간을 기다리고 있었다. 아직 시간이 이른데 교실 앞문이 열리면서 선배 두어 명이 들어서더니 강단으로 올라갔다. 어리둥절 쳐다보는 우리들에게 그 분들은 얘기하기 시작했다. 10시에 인촌 동상 앞에서 여러분 신입생들의 입학 환영회가 열릴 터이니 한 사람도 빠지지 말고 꼭 시간 지켜서 모이라는 내용이었다.

학생회 간부들이라고 밝히고, 꼭 나오라고 다시 한 번 다짐하며 방을 나갔다. 수업이 늦게 끝나면 어쩔 것이냐, 점심은 언제 먹느냐, 등등 설왕설래 하다가 우리를 환영한다는데 점심시간에 오라 해 놓고 밥을 굶기겠느냐? 아마도 빵 종류 정도는 주지 않겠느냐는 쪽으로 우리들은 의견을 모으고 이내 들어오신 선생님의 강의에 귀를 기울였다. 수업이 끝나자 서둘러 가방을 챙겨들고 인촌 동상 앞으로 갔다. 넓은 잔디밭이 벌써 꽉 차 있었다. 잠깐 서성이다가 앞쪽을 유심히 살펴보니 좀 이상하였다.

'고대'라고 쓰인 수건으로 머리를 질끈 동여맨 선배들이 분주히 오가는데 아무리 보아도 환영회 같은 한가하고 평화로운 축제 분위기가 아니었다. 역시 고대는 환영회도 화끈하게 하나 보다고 생각하며 교풍이라는 것이 이런 것인가 하는 생각을 하고 서 있었다. 한 반시간이나 지났을까, 연단에서 마이크 소리가 윙윙 거리더니 이내 거기 모인 진짜 이유를 짤막하게 설명하고 앞장서서 교문 쪽으로 걸어 나가는 것이 아닌가? 나라를 위해 더 이상 좌시할 수 없어 우리는 오늘 일어섰다, 이 땅의 민주주의를 지키고 정의를 구현하며 학원의 자유와 국민의 자유를 위해 분연히 일어섰으니 힘차게 걸어 나가자는 선배의 연설은 짤막했지만 우리의 심금을 울렸고 우리는 동조의 박수를 힘차게 보내며 어느새 걷고 있었다. 그것은 무엇에 빨려 들어가는 것도 아니고 거의 본능에 가까운 몸짓이었다는 표현이 맞을 것 같다. 이내 교문을 박차고 선배들을 따라 신나고 힘차게 걸어 나갔다.

정문을 통과하고 안암동 로타리를 눈앞에 둔 지점까지 거침없이 행진해 나아갔다. 책가방이 돌처럼 무거웠으련만 그런 생각을 할 겨를도 없이 걸었다. 독재로 병든 나라를 바로 내가 살리러 간다는 자긍심이 점점 더 흥분 시켰다. 귓불이 벌게지는 것은 걷기가 힘들어서가 아니었다. 병약한 이기붕이 이승만을 등에 업고 후일의 제1인자가 되고자 꾸며낸 미친 극본에 의해 나라가 온통 쑥밭이 되어가는 꼴을 개탄만 하고 있던 젊음들이 다 함께 신바람이 난 것이다. 역시 대학을 잘 선택했다는 생각을 하며 고대로의 진학을 강권하신 어머니의 혜안에 탄복하며 걸었다.

공연히 히죽거리며 걷는 것이 어설퍼 보였던지 인도를 천천히 걸어가던 학생이 흘끔거리고 지나간다. 왜 들어오지 않느냐고 나도 모르게 소리를 질렀다. 순간 앞뒤에서 나를 쳐다보는 시선집중으로 얼굴이 확 달아올랐다. 선배일 텐데 이게 무슨 망발이람, 하지만 후회하지는 않았다. 최소한도 고대생이 이런 일로 전교생이 일체가 되어 행군하는데 대열을 이탈해서 혼자 인도를 걷는다는 것은 있을 수 없는 일이었다. 그런 것을 보고도 못 본체 한다면 그 또한 그 사람 못지않게 비겁한 일일 것 같았다.

안암교 근처에서 행렬이 술렁거렸다. 소방차가 빨간색 물감을 푼 물을 호스로 뿜어대어 행렬을 무너지게 하고 있다는 것이었다. 나는 다시 소리쳤다.

"빨간 물 좀 뒤집어쓴다고 우리가 물러설 것 같으냐? 피를 퍼부어도 우리는 앞으로 나아갈 것이다."옆에서 친구들이 소리 높이 외쳤다.(노재동, 최미자 등)

"우리는 나아간다, 국회로 가자!"

동대문 쯤 에서 행렬이 인도 쪽으로 옮겨졌다. 버스 등 대중교통을 방해하기 때문에 자진해서 우리의 행렬을 인도로 옮긴 것이다. 종로5가쯤에 이르자 행렬을 흩으려는 사람들의 방해가 시작되어 삼삼오오 나누어 심상한 행인처럼 걸어 나갔다. 종로 3가를 지나 파고다 공원 앞을 지날 즈음 스쳐 지나가는 듯 가까이 다가오던 학생이 손을 꼭 쥐며 손바닥을 지그시 누르면서 속삭이고 빠르게 지나갔다. "각자 요령껏 해서 국회의사당 앞으로 가라. 거기서 기다리고 있다." 심장이 빠르게 뛰고 공연히 주위를 휘 둘러본 후 침착하게 좀 천천히 걸었다.

국회의사당 앞에 도착하니 어느새 모두들 와 있었다. 그날의 일들을 다 쓰지 않는다 해도 역사적 사실을 누군들 모르랴. 이세기 선배, 김중위 선배, 이철승 선배들이 연설했고 창랑 장택상의 이름도 거명되었다. 유진오 총장께서도 말씀을 하셨다. 입학 초기여서 사람을 정확히 모르는 데다가 멀리 단상에서 일어나는 일이라 소리만 들은 부분도 많다. 경무대로 바로 가서 뜻을 전하자는 의견에 대표들이 정식으로 뜻을 전하겠으니 일단 귀가하는 것이 좋겠다는 선배들의 뜻에 따라 자리를 털고 일어섰다. 선배들에게 등 떠밀려서 버스에 태워지고 집에 돌아와서 얼마 되지 않아서 방송을 트니 고대생들이 시위를 마치고 학교로 돌아가던 중에 천일 극장 앞에서 깡패들의 기습을 받아 많이 다쳤다는 보도가 흘러나왔다. 당시 명륜동에 살던 나는 종로 4가 현장으로 달려가려고 용수철처럼 튀어 일어섰다.

4월 19일에는 아침에 등교하자마자 이심전심 하나같이 인촌 동상 앞에 모여서 국회로 향해 떠났다. 아무도 앞을 막는 사람 없이 한걸음에 국회의사당 앞에 도착했다. 여학생들의 자리를 한가운데 만들어 놓고 우리를 앉힌 다음 에워싸고 앉아서 농성하는 남학생들을 보면서 버스에서 여학생에게 자리 한 번 양보하지 않아서 이상한 남자들이라고 비웃으며 뉴 흘기던 것을 접기로 했다. 시간이 흐르면서 시발택시 위에 홑이불 같은 것에 싸여 피를 뚝뚝 흘리면서 부상자들이 실려 왔다.

팔다리가 차창 밖으로 흐느적거리면서 지나가는 모습을 보면서 분노가 치밀어 앞 뒤 분간하기 힘든 성난 군중으로 변해갔다. 피를 보고 흥분하지 않는 사람이 어디 있을까? 더구나 그 때 우리는 그런 상황에서 침착하기에는 너무 젊고 피가 뜨거웠다. 급기야 경무대로 달려간 사람들은 무참한 총알받이가 되고서야 역사는 새 장을 열었다. 서울신문 사옥이 불타 내려앉고 계엄령이 선포 되면서 우중충한 날씨만큼이나 주변의 분위기는 음습해졌다.

나는 그날 한창 열기 고조된 농성을 하던 중에 코피가 터져서 선배들의 부축으로 덕수궁 정문 지나 법원입구 쪽까지 가서야 응급처치를 받고 코를 틀어막고 제자리로 돌아오는 바람에 한바탕 소란을 피우기도 했다. 응급처치래야 펌프 물을 틀어 시원한 물로 이마에 물을 뿌리고 얼굴을 차게 식히는 정도이지만 그 정도 처치를 할 수 있는 곳도 더 가까이에는 없었다.

그날의 국회의사당 건물은 수도이전 결사반대라는 현수막이 휘날리며 여전히 거기 서 있다. 다만 국회가 아닌 서울 특별시의회의 의사당으로 바뀌어 있는 것이 다를 뿐이다. 태평로가 변한 것이 그것만은 아니다. 서울의 정치 중심가, 아니 이 나라의 정치 중심가가 그냥 보통 길일 뿐 별로 세인의 관심을 집중 시키지 못하는 길로 어쩌면 잊혀져가고 있는지도 모른다.

아직도 허리가 잘린 채 신음하는 조국과 남북의 난마 같은 문제들에 얽혀 운신의 폭이 점점 더 좁아지는 것이 아닌가 걱정될 정도의 정국을 보면서 나는 여전히 조바심 치고 한숨지을 뿐이다. 어떤 묘책도 없고 특별한 행동도 하지 못하고 있다. 40년 전 그날, 그 때 4월에 살아있음이 미안해서 병원을 돌며 병상 머리에서 위로하고 속으로 기도하는 일밖에 할 수 없었던 것처럼 여전히 힘없고 용기 없고 나약할 뿐이다.

어떻게 해야 4.18 기념탑 앞에 떳떳이 서보고 죽을 수 있을 것인가? 한껏 목을 젖히고 허공에 물어본다.

(2011. 3.)

4

국향에 취한 욕심

국향에 취한 욕심

사람의 마음이 얼마나 간사한지 그 향방에 따라 똑같은 것도 그 차이가 지옥과 천국을 오갈만큼 큰 것을 모르는 바는 아니었으나 또 한 번 놀라는 순간이다. 꽃이란 함부로 따면 안 된다는 것을 어릴 적부터 들어오면서 꽃은 따지 않고 보는 것으로 머리에 박혀 있었다. 또 아이들에게 그 말을 수없이 해가며 가르쳐왔다. 그런데 지금 옆도 돌아보지 않고 열심히 손을 움직이고 있는 것은 꽃을 따고 있는 나 자신이다. 무주 산골짝 850고지에 자리 잡은 비스듬한 능선에 줄지어 피어있는 국화는 정말 장관이다. 처음 이 꽃밭이 눈앞에 펼쳐졌을 때 와아 탄성을 지르던 입이 채 다물려지지 않았다. 바로 그 꽃으로 만들었다는 국화차 한 잔 씩을 음미한 후 우리 일행은 꽃밭에 들어가 그 아름다운 꽃들을 똑똑 따 담는 잔인하기 그지없는 손놀림에 정신이 팔려 있는 것이다. 잔뜩 벼르고 온 단풍구경도 지금 이 순간에는 온데간데없이 사라져 버렸다. 오직 꽃을 많이 따야한다는 생각이외에는 아무 잡념도 없는 그야말로 무아지경에서 꽃만을 따고 있는 것이다.

관상할 때 아름다운 대상이고 지금은 작업 대상으로 빨리 실적을 올려야 되는 노동의 대상일 뿐이다. 일당을 받거나 무슨 성과를 재는 일도 아니고 그저 꽃들을 마음껏 따가지고 가서 향기로운 국화차를 손수 만들어 마시는 호사를 누려 보라는 차 벗의 후의로 이런 행운을 누리고 있는 것인데 일꾼도 이렇게 착실한 일꾼이 있을까? 싶을 정도로 일에만 몰두해 있다. 그 뿐이 아니다. 인솔하고 온 나 자신조차 다음 일정을 생각해서 진행해야 하는 본분도 잊은 채 꽃따기 삼매경에 빠져 있으니 더 할 말이 없다. 사람의 욕심은 거의 본능적인가 보다. 재미로 조금 따보면서 즐기려고 시작한 일인데 이것은 완전히 주객이 전도된 상황이 벌어지고 있는 것이다.

이제 그만 출발하자는 제안이 누군가에게서 나왔는데 그때야 정신이 들어 그래 갑시다를 연발하면서도 내손은 여전히 꽃들을 따 담고 있은 것이 아닌가? 저 꽃을 두고 어찌 간단 말인가? 하는 것이 진심인데 아쉽지만 일손을 멈춰야 했다. 겨우 마음을 가다듬고 꽃밭을 빠져 나왔을 때 해는 이미 많이 기울어 있었다. 국화 밭의 정취를 가슴에 품고 안 떨어지는 발길을 돌려 단풍구경을 하러 나섰다. 아름다운 단풍을 보면서도 온통 차를 만들 생각에 들뜬 마음은 완전히 가라앉지 않았다. 국화차의 운치와 이런 욕심은 영 어울리지 않다고 생각하며 쓴웃음을 지었다. 무주 리조트에 와서 리프트를 타고 손쉽게 향적봉 바로 아래 해발 1,600여 미터까지 올라오며 대자연의 위용에 압도당했다. 구상나무 고사목은 옷깃을 여미게 한다. 살아 천년 죽어 천년이라는 구상나무 고사목의 꿋꿋이 서 있는 모습 앞에 꽃밭에서의 어이없는 욕심이 한없이 부끄러워진다. 비바람 다 맞아 가며 한해 농사를 지어서 상품을 만드는 차 벗이 판매할 생산품의 중요한 원료인 꽃을 직접 따보고 운치 있게 직접 만들어 마셔 보라는 배려를 해주었는데 적당히 따고 돌아설 것이지 더 따지 못해서 안달을 했다니 얼굴이 붉어진다. 물론 더 따라고 괜찮다고 말하긴 했지만 내 쪽에서 염치를 차려 주었어야 하는데 60평생 헛살았다는 생각에 계면쩍은 웃음이 입가에 걸린다.

또 다른 절경을 보겠노라, 이번에는 구경욕심을 부리면서 길을 찾아가는데 정신을 쏟다 보니 부끄럽던 생각을 잊어버려 마음이 개운해졌다. 적상산을 휘돌아 오르면서 잘 익은 단풍에 흡족한 감탄사를 날리며 마음은 마냥 부풀어 소녀같이 되어버렸다. 역시 나들이는 좋은 것이다. 꽃 덕택에 무아지경에도 이르러 보고 깨끗하게 물든 단풍에 마음까지 말갛게 씻겨 나간듯하니 오늘은 오랜만에 만나는 행복한 날임에 틀림이 없다. 차를 잘 만들어 가지고 다음 주 모임 날 갖고 와서 시음하며 품평회를 열자는 제안에 모두들 환호성으로 동의하며 적상산의 색동단풍에게도 작별을 고하고 귀경길을 서둘렀다. 샛노란 은행나무 사이사이로 심은 빨간 단풍나무가 마치 엄마 손을 잡고 서있는 어린아이 같아 보이는 풍경은 가히 일품이다.

저 노란 은행잎도 몸에 좋은 약재이니 채취해서 가져가 말려서 달여 먹으라고 한다면 아까처럼 덤벼들어 따기 바쁘겠지, 하는 객쩍은 생각을 해보며 손을 내려다본다. 사람의 생각이란 것도 어떤 여건에 처하느냐에 따라서 이렇게 달라질 수 있다는 아주 평범하면서도 대단한 의미 하나를 발견한 것 같아 좀 흐뭇하기도 하다. 욕심, 그것을 꼭 나쁘다고만 할 것은 아닌 것 같다. 그런 마음가짐이 바로 우리를 열성적으로 살아갈 수 있게 하는 생산적 사고의 원동력이 아닐까싶다. 사람에게 욕심이 없다면 그야말로 의욕상실이 아니고 무엇이겠는가? 우리가 함께 꽃을 따되 다 같이 모아서 똑같이 나누어 가기로 했으면 그렇게 무아지경에 이르도록 열심히 따지는 않았을지도 모른다. 아마 나는 틀림없이 덜 열심이었을 것 같다.

집에 돌아와 열심히 배운 대로 꽃을 데쳐서 소쿠리에 받쳐놓고 잠자리에 들었다. 잠을 청해도 노란 국화 밭이 어른거려 잠이 잘 오지 않는다. 그것은 욕심이 나서가 아니라 너무 아름다워서 눈앞을 얼른 떠나지 못하는 것이다. 적상산의 단풍은 볼 때 그렇게 고왔는데도 잠을 빼앗아 갈 정도는 아닌데 국화는 왜 이리 잠을 설치게 하는 것인지. 아마도 꽃 따는 일에 취해서 제대로, 마음껏 감상하지 못한 아쉬움 때문인지도 모른다. 어서 저 꽃을 말려 그윽한 국향에 젖어 노란색 국화차 한 모금에 입술을 적셔 보리라고 주문을 외우다시피 중얼거리다가 잠이 들었나보다. 눈을 뜨니 해가 중천에 솟아 있다. 꽃을 널어 말리고 여전히 분주한 하루를 시작한다. 역시 바쁘게 움직일 일이 있음에 감사하면서.

(2009. 11.)

돌아갈 수 있다면

새로 우뚝 선 법학관 앞에 섰다. 이제 법과대학이 아니라 로스쿨이다. 법률학교가 아니고 왜 꼭 로스쿨이라고 하는지, 이러다가는 변호사에게 간다는 말도 로이어에게 간다고 해야 통하는 세상에까지 이르는 것은 아닌지 객쩍은 걱정도 된다. 내 나라 언어가 없는 민족은 망해도 언어를 지키고 있는 민족은 망하지 않는다 하지 않던가? 일본이 그렇게도 말살하려고 혈안이 되었던 우리 언어를 좀 더 살갑게 지켜나갔으면 좋을 것 같다.

반세기 전 홍안의 소녀가 교문을 들어서면 우람하면서도 아름다운 본관 석조 건물의 위용에 숨이 멎을 것 같았는데 이제 그 가슴도 식었고 학교도 많이 변했다. 지금 이 자리만 해도 우리가 학교 다니던 시절에는 발길도 닿지 않던 구석진 곳이었다. 조금 걸어 내려오니 여학생 회관이었던 금란실 자리에는 동원 글로벌 리더십 센터가 자리하고 있다. 고층으로 짓지 않고 아담하게 지어져서 그때의 정취가 그대로 살아있는 것 같아 마음이 흐뭇하다. 자리를 차지하려고 새벽부터 찾아갔던 도서관은 대학원 건물이 되고 그 옆에 더 큰 규모의 중앙 도서관이 우뚝 서있다. 조금 더 가니 옛 농과대학 자리인 듯 한데 사범대학이 되어있고 농과대학 건물은 잘 찾아지지 않는다. 아마도 헐리고 새로 지어진 모양이고 농과대는 학과 이름도 현대적으로 바뀌고 애기능 자연대 캠퍼스 쪽으로 옮겨간 것 같다.

1960년 4월18일 우리는 농과대학 건물의 한 강의실에서 1교시 국어 수업을 받으려고 기다리고 있었다. 문이 삐죽 열이더니 웬 젊은 남자가 들어왔다. 무슨 교수님이 저렇게 젊을까 싶기도 하고 분위기가 좀 이상했다. 뒤이어 누군가가 또 들어온 것 같기도 한데 그 기억은 잘 나지 않는다. 선배라고 소개한 후에 오늘 이 수업이 끝나자마자 바로 인촌 동상 앞으로 모이라는 당부를 하러 온 것이었다. 여러분들의 신입생환영회가 있으니 한 사람도 빠지지 말고 다 나오라는 간곡한 당부를 남기고 교실을 나갔다. 우리는 국어 수업이 끝나기가 무섭게 인촌 동상으로 달려갔다. 10시가 조금 넘었는데 이렇게 이른 시간에 무슨 환영회를 어떻게 하겠다는 것인지 점심을 주기에는 이른 시간이고 환영회를 맨입으로 할 것인지, 빵이라도 줄 것인지 궁금증으로 설왕설래하며 본관 앞 인촌동상 쪽으로 갔다. 학생들이 가득 모여서 웅성거리고 있는데 모두 머리에 고대라고 쓴 수건들을 질끈 동여매고 있는 것이 영 환영회 분위기가 아닌, 어딘지 모르게 좀 살벌하고 긴장감이 감도는 그런 느낌이었다.

이 나라 민주주의를 지키기 위해 우리는 더 이상 좌시할 수 없어 오늘 일어섰다. 자 가자 국회로! 자유 정의 진리의 고대 정신으로 이 땅에 정치적 자유와 학원의 자유를 쟁취하기 위해, 독재로 짓밟힌 정의를 살려내기 위해, 세상을 제대로 바꾸어 참 진리가 통하는 세상을 만들기 위해 오늘 우리는 앞으로 나간다는 선배들의 연설을 들으며 우리는 이미 걷고 있었다. 교문을 박차고 거침없이 걸었다. 안암동 로터리쯤에서 행렬이 좀 지체되는 듯 하더니 이내 길이 열렸다. 동대문 부근까지 행렬의 흐름은 순조로웠다. 거기서 부터 행렬은 방해를 받기 시작하는 것 같았다. 인도 쪽으로 옮겨 걷다가 종로5가 부터는 어렵게 진행하였다. 종로3가를 지나 파고다 공원 앞에 이르렀을 때 웬 남자가, 알고 보니 선배였다. 옆으로 바짝 붙어 지나가며 악수를 했다. 흩어져서 요령껏 국회의사당 앞으로 집결하라는 말을 전하기 위함이었다. 일경의 눈을 피해 독립운동이라도 하고 있는 것 같은 착각이 잠깐 들었다.

6.25전에 저동, 지금의 영락교회 선교관 자리가 우리 집이었고 교동초등학교를 다녔기에 여기가 내놀던 옛 동산이건만 피난 생활 10년 만에 대학 진학으로 서울에 올라온 지 겨우 2달밖에 안되어 길을 잘 몰라 서울 친구들을 놓치지 않고 쫓아가느라 무진 애를 쓰면서 국회 의사당 앞까지 무사히 갔다. 이미 태평로 길을 가득 메우고 앉아 있던 사람들이 가운데자리를 둥그렇게 비우더니 여학생들을 앉으라는 것이 아닌가? 군중이 많아 위험하니 자기들이 보호해야 한다는 것이었다. 그 때의 감동은 지금도 가슴 한 구석에 따뜻한 불씨로 남아있다. 평소에는 만원 버스 안에서 자리를 양보하기는커녕 가방도 제대로 받아주지 않을뿐더러 운동

경기처럼 밀고 들어가며 매달리고 타야 하는 버스 승차 전쟁에서 조차 여학생에게 한 치의 양보도 할 줄 모르던 비신사들이었는데 어쩌면 이렇게 멋질 수 있단 말인가? 그날은 달랐다. 그때 그 태평로 의사당 앞은 옮겨진 고대 캠퍼스였다.

이것이 고대생 4.18 의거이고 4.19혁명의 발화점이 된 것이다. 3.15 부정 선거를 성토하며 이승만 독재정권의 즉각 퇴진을 주장하는 연좌데모를 계속하는 동안 학생 대표들과 정치인, 이세기, 김중위, 등의 학생 대표들과 이철승 선배와 유진오총장의 말씀 등을 들었고 우리의 뜻을 요로에 전달해서 관철 되노록 하겠으니 돌아가라는 당부를 받아들여 우리는 자리를 털고 일어났다. 여학생들은 바로 귀가하라며 버스 정류장 까지 안내 해 주었다. 등 떠밀리다 시피 차에 올라 집에 왔는데 뒤 미쳐 라디오는 귀를 때렸다. 고대생 피습사건이 터진 것이다. 이것이 종로4가 천일극장 앞에서 학교로 돌아가던 고대생의 행렬에 깡패들이 뛰어들어 무자비하게 폭행을 감행한 사건이다. 임화수 일당의 정치깡패들이 벌인 이날의 폭력극은 고대의 4.18을 4.19혁명으로 승화시킨, 촉매제가 되어주었고 결국 이승만 대통령의 하야로 이어지며 독재 정권을 무너뜨리는 찬란한 역사의 꽃을 피워내는 견인차가 되어 주었다.

잠시 동안의 소용돌이를 거치고 학교는 다시 평온 해졌다. 우리는 금곡릉으로 소풍을 갔는데 카키색 헝겊 뚜껑이 덮인 군용 같은 트럭을 타고 갔다. 6월이었던지 그 속은 찜통 같았다. 반세기가 지나 머리에 서리를 이고 냉방차에 앉아 달려가지만 그 때 그 찜통 같은 차를 타도 좋으니 그 시절로 돌아 갈수 만 있다면 한없이 좋을 것 같다. 함께 웃던 현

옥이, 은주, 홍숙이, 모두들 무엇이 그리도 급했는지 이미 우리 곁을 떠났다. 조금도 변하지 않고 그대로 뚫려 있는 본관 뒤 오솔길을 따라 넘어가니 인촌 기념관이 품을 벌이고 기다린다. 옛날에 인촌선생님 묘소 자리다. 잔디를 밟지 말라고 몰아세우던 경비 아저씨의 호통소리가 귀에 들리는 듯하다. 학생들이 훗날 찾아왔을 때 잔디가 다 죽고 흙 밭이 돼 있으면 좋겠느냐며 애지중지 다듬던 잔디는 이제 대리석 바닥으로 바뀌었다.

천천히 걸음을 옮겨 빼곡히 들어선 건물들을 지나서 강당 옆으로 해서관을 지나 인촌 동상 앞에 섰다. 회양목 울타리의 운동장이 신식 공간으로 재탄생되어 학생들의 열린 공간이 되어 있다. 입실렌체이호를 목이 터지라 하고 외치던 운동장 잔디 스탠드에 앉아 있는 친구들 옆에 서둘러 달려가 앉는다. 아아, 그때로 돌아갈 수 있다면 얼마나 좋을까? 맹호는 굶주려도 풀을 먹지 않나니… 응원가가 지축을 흔든다. 그래 그 기상으로 세상을 사느라 얼마나 힘들었는지 모른다. 현실과 타협하지 못해 얼마나 손해를 많이 보았는지 모른다. 그래도 좋다. 후회는 더더욱 없다. 어차피 한번 살다 가는 세상 거리낌 없이 살았으니 여한도 없다. 하나님이 내게 주신 이 세상에서의 시간이 얼마가 남았는지 알 수는 없으나 아마도 가는 순간까지 이대로, 살아왔던 대로 배짱껏 살다 가 볼 일이다.

(2011. 3.)

소망이 희망인 것을

희망이란 말은 참 좋은 말이다. 사람에게 희망이 없다면 삶은 참으로 무덤덤할 것 같다. 나는 요즘 그 희망이란 글씨를 새긴 횃대보를 보면서 잠이 들고 아침에 눈을 뜨면서 제일 먼저 그것을 본다. 큰 행운을 누리고 있는 것이다. 수작은 못 되지만 그래도 손수 정성스레 만든 것이기에 애착이 간다. 그것을 내다 걸고 부터 마음속에 희망이 꿈틀거리고 있다. 아침저녁 희망이란 것을 보면서 나도 모르게 무언가 이루어질 것 같은 좋은 생삭이 늘어 입가에 미소가 번진다.

얼마 전 장롱 정리를 하다가 밑바닥을 지키고 있던 횃대 보를 꺼내어 커튼으로 변신 시켜 달았더니 안성맞춤이다. 중학교 2학년인가 3학년인가 아무튼 그 무렵 수예시간에 만든 작품이다. 큰 규격의 2인용 침대보를 가로로 놓고 중심 하단부에 희망이라는 두 글자를 한자로 쓰고 양옆을 나뭇가지가 받치고 있는 도안이다. 헝겊을 오려 붙이고 가장자리를 단추 구멍 만들기의 수놓기로 한 아프리케 스텟치의 작품이다. 하얀 바탕에 글씨는 중간 하늘색으로, 나뭇잎은 글씨와 같은 색깔과 연노란 색으로 수놓은 아주 간단한 도안이다.

장롱을 충분히 쓰고 살았으니 횃대 보를 덮을 필요가 없어서 그동안 서랍 바닥에 깔려 지내왔다. 그때만 해도 수예시간과 재봉시간이 따로 있어서 가사 시간까지 합하면 1주일에 가정 관련 시간이 대여섯 시간이나 되었다. 나 같은 말괄량이 과에 속하는 여학생에게는 그보다 더한 고역이 없는 셈이다. 바늘이 잘 잡히지도 않는데 수놓아야지, 재단해서 바느질 해야지, 가사 실습한다고 도마질 해야지, 내색은 할 수 없지만 내심은 온통 흐림일 수밖에 없었다.

이 횃대 보의 희망이라는 수도 내손으로 직접 놓은 바늘 땀 보다는 우리 집 일을 도와주던 순이 언니의 수고로 완성 될 수 있었다. 지금 이 수를 자세히 보면 내 솜씨와 그 언니의 것을 쉽게 구별해 낼 수 있다. 그런데도 선생님이 그 작품으로 통과 시켜 주었을 뿐 만 아니라 점수도 그리 박하게 는 주지 않았던 것 같으니 감사하고 죄송할 따름이다. 징계해 봐야 개과천선 할 것 같지도 않고 다른 일로는 말썽을 부리지 않는 꽤 괜찮은 모범생이라는 이미지 덕에 덧 점수를 주셨던 것 같다. 아닌게 아니라 솜씨로 한 것 말고는 거짓으로 내 할 일을 안 하거나 남에게 미루는 일은 내 사전에 없는 고지식한 학생이었으니 선생님이 판단을 제대로 할 수 없게 만든 것 도 무리는 아니라고 본다.

저 횃대 보에 희망이라는 글자를 한 땀 한 땀 수놓을 때는 어서 해치

워야 한다는 강박관념 외에는 별생각이 없었던 것이 솔직한 고백이다. 희망, 나의 희망은 무엇일까? 라든지 내게 희망이 있다, 없다하는 등속의 생각은 아예 없었다. 무언지는 모르지만 한껏 희망에 부풀어 있었으니까. 어서 자라기만 하면 온 세상이 내 것 일 것 같았다. 세월이 흘러서 어른이 되면 하고 싶은 일을 맘껏 다 성취하고 어머니를 기쁘게 해드릴 일로 공연히 가슴 두근거리며 입가에 미소를 흘리곤 했다. 이렇게 수를 놓고 있는 일도 한심하기 그지없으니 어서 졸업을 해서 이런 쓸데없는 시간 낭비도 안했으면 좋겠다는 생각들로만 가득 차 있었다. 굳이 희망의 실체를 얘기 한다면 어서 빨리 성공해서 어머니를 기쁘게 해드리는 일이었다. 그때 어머니가 내게 걸던 기대를 이루어 드리지 못했으니 굳이 무엇이 되고 싶었노라고 밝히고 싶지 않지만 아무튼 그때는 희망에 부풀어 있어서 좋았다. 지금 생각하면 참 꿈같은 시절이었다.

동창으로 떠오르는 햇살을 듬뿍 안고 있는 희망이라는 두 글자를 보며 오늘 아침도 기지개를 켠다. 내게 희망이 아직도 있을 수 있을까? 자문하며 눈을 감아본다. 희망이라기보다는 작은 욕심이 아직도 가슴 안에 단단히 똬리를 틀고 앉아있는 형국이라 함이 옳을 듯하다. 이 욕심 덩어리를 한껏 미화 한다면 소망이라고 이름 붙일 수 있을지 모르겠나. 희망과 소망이 어떻게 다를까? 이루어져서 그 열매를 따 먹을 수 있고 좀 들뜨게 하는 일이 희망이라면, 소망은 이루어지는 자체만을 바라는 것 일뿐 그 열매를 자신이 직접 따고 안 따고는 상관 할 것 없이 그저 이루어지기만을 바라는 순수한 바람인 것 같다. 이 둘은 이루어지기를 바라는 공통점을 가질 뿐이다. 아무리 생각해도 지금 내게는 희망은 없고 소망만이 조금 남아있는 듯하다.

그 시절 우리나라 섬유생산 형편이 광폭을 짜 낼 수 없을 때라서 저런 크기의 횃대 보를 만들기 위해서는 두 폭을 이어 붙여야 했다. 어머니는 어렵게 미국산 대형침대보(2인침대용)를 구해서 저 작품을 만들 수 있게 해 주었다. 저런 도안이면 침대보로도 적합한 것 이어서 어머니는 장차 내가 저것을 침대보로 써도 좋으리라는 생각을 하며 근사한 침대에 누워 있는 나를 상상해 보았을 수도 있을 것 이다. 딸의 일이라면 산에 가서 물고기라도 구해 올 수 있을 것 같은 어머니의 열과 성의는 끝을 가늠하기 힘들었다. 그때 그 어른에게는 내가 대단한 인물로 자랄 것 같은 희망이 있었다. 약간 비범했던 중·고교 시절을 지내고 평범한 대학생활을 한 나는 어머니에게 희망은 점점 사그라지고 소망만 남게 한 그런 딸이 되고 말았던 것 같다.

시집을 안 가겠다는 내게 적극 동의하던 어머니가 어느 날 부터 인가 사윗감을 찾기 시작하고 선을 보라고 목을 조여 왔다. 지금 생각해 보면 딸에게서 별 싹수가 보이지 않자 여느 여자들처럼 가정을 이루고 평탄하게 살아주기라도 했으면 좋겠다는 소망이 어머니 마음속에 싹 텄던 것은 아니었는지 모르겠다. 어머니가 보지 못하고 일찍 세상을 뜨셨지만 아들딸 고루 낳고 손자 손녀 까지 얇았으니 그 어른의 희망은 이루지 못했을 지언정 소망은 이루었다고 해도 크게 망발은 아닐 듯싶다.

가지에 희망의 말 새기어 놓고서/기쁘나 슬플 때나 찾아 온 나무 밑 / 찾아 온 나무 밑/ 그때는 희망이 있어서 이 노래가 무심결에 잘도 흥얼거려 졌나보다. 슈베르트의 보리수를 즐겨 부르던 영희도 고혈압과 싸우느라 여념이 없다. 그의 소망은 건강하게 살다 하늘나라에 가고 싶은 것일지도 모른다. 지금 나의 소망은 무엇일까? 때늦게 희망을 과하게 갖고 추해지지 않는 것이다. 분수에 맞는 소박한 소망을 하늘에 걸고 곱게 늙어가고 싶다. 이제 네 희망은 소망이 이루어지는 것이라고 조용히 일러준다. 언제 들어왔는지 손자가 허리를 감아 안는다. 손녀는 볼에 뺨을 부비며 보고 싶었노라고 콧소리로 귀를 간지럽힌다. 그래 나의 희망이 나를 안고 있다.

(2009. 6.)

소중한 것

누군가 쫓아와서 잘못 들어왔으니 나가라고 밀어낼 것 같은 생각에 주눅이 들어 구석에 가서 조용히 앉았다. 조심스레 접수라는 것을 하고서는 얼른 자리에 앉아 사람들 속으로 숨어버렸다고 함이 적절한 표현일 것이다. 그냥 가만히 앉아만 있는 저 사람들이 마치 가뭄에 물 만나서 뛰어오르는 물고기같이 생동감이 넘쳐 보임은 무슨 까닭일까? 내가 저 자리에 있을 때 지금의 내 자리에서 오늘의 나처럼 부러워서 어쩔 줄 모르고 쳐다보던 사람이 있었을 텐데 전혀 모르고 지나쳤다. 저들은 부른 배를 안고 천하를 얻은 양 순번을 기다리고 있다. 그 몸은 싱싱한 푸른 채소처럼 보기 좋다. 시들어 누런 잎이 졌는데 그 부분을 떼어내고 조금 남은 푸른 부분을 아쉬운 대로 지켜보겠노라고 명의를 찾아와 앉아있는 노파의 구

차함이 서글프다.

첫아들을 낳고 누워 있을 때 같은 병실에 암수술을 받은 50대 초반의 부인이 있었다. 자기 막내 동생 같다며 산후조리를 이러이러하게 해야 한다고 가르쳐주면서 철없는 새댁을 불안한 눈으로 쳐다봤다. 그때 그 병원이 신축 직후여서 우선 큰 병실에 여러 환자를 질서 없이 섞어 놓아서 분만 산모와 일반 환자를 뒤섞어 입원시켜 놓은 상태였다. 제왕절개 수술을 받은 산모도 셋이나 같이 있어서 비록 역산하느라 난산의 고통은 겪었을망정 자연분만을 한 나는 환자 축에 끼지도 못하는 형편이었다. 제왕절개로 출산을 한 산모들은 꼼짝도 못하고 누워 있는데 자연분만을 한 나는 날아갈 것 같은 기분이라 누워 있기가 무료할 정도였다. 물론 움직일 때 아프지만 그 때 뿐이니 조심해서 일어나서 요령껏 돌아다녔다. 아기는 신생아실에 있고 엄마만 눕혀 놓았으니 편하기 그지없다. 병원의 내부공사가 아직 진행 중인지라 에어콘 시설이 없는 병실은 찜통이었다. 더구나 50년만의 더위라고 매스컴이 호들갑을 떠는 날 아이를 거꾸로 낳았으니 어지간한 사람 같으면 죽는다고 누워 있으련만 아이가 제대로 살아서 세상 구경을 한 것만 좋고 감사해서 입을 다물지 못하고 히죽거리고 돌아다녔다. 기껏 병실과 복도이지만….

뜨거운 것도 먹지 말라, 두부도 먹지 말라, 그런 것 들을 먹으면 이가 폭삭 빠진다, 찬 것은 금물이다 미지근하게 먹어야 한다, 모두가 이가 상한다는 것이고 산후풍이 들면 큰일이라는 경고였다. 고맙다고 해 놓고는 밥이 나오면 두부도 먹고 뜨거운 미역국도 후후 불어가며 먹는 모습을 보다 못하고 큰일 난다고 성화를 하는 그 인정 많은 아주머니의 말은 콧등으로도 안 듣고 무시해 버렸다. 현대의학이 어느 정도인데 병원에서 주는 걸 왜 못 먹을까 보냐는 배짱이었다. 거기다 한 술 더 떠서 간호사실에 가서 시원한 냉 주스를 구해다가 옆의 산모와 벌컥 벌컥 들이 마시다가 들켰다. 냉장고가 없으니 으레 미지근한 주스 인 줄 알았다가 잔을 비운 후 서로가 하도 시원해 하니까 이상히 여긴 그 어른이 알아차린 것이다. 얼마나 걱정을 하든지 그 후에는 그 분 걱정 할 것이 미안해서 참기로 했다. 간호사실에는 주스 두병을 갖고 가서 한 병은 잡수시고 한 병만 냉장고에 보관해 달라고 부탁했으니 넉살도 어지간한 수준이었다. 아마도 우리가 측은해서 그 부탁을 들어주었을 것이다. 50고개를 넘으면서 치과 환자로서의 상태가 매우 심각해졌을 때 30년 전 그 형님 같은 부인을 떠올리며 반성문을 소리 없이 써 나갔다.

지금 저들은 자기들이 얼마나 좋은 때인지 모른다 말해 준다 해도 소용없다. 청춘 그 좋은 것을 그 때는 몰랐다고 누군가 이미 말해 버렸다니 그 말도 할 수 없고 할 말이 없다. 어지간해야 말을 하지. 건강할 때 지켜라, 돈이 있을 때 아껴라 없어졌을 때는 후회해도 소용없다, 아무리 어른들이 말 해 주었어도 소용이 없다. 자신에게 절체절명의 상태로 다가오지 않는 한 실감하지 못한다. 그래서 보통 사람이 아니겠는가? 미리 다 대비 할 수 있다면 이미 범인은 넘은 수준이다.

오늘 저 배 부른 여인들이 왜 이렇게도 부러운 것인가? 아무리 용을 써도 다시는 해 볼 수 없는 일이어서 그렇다는 것을 잘 알면서도 눈물이 날 만큼 부럽다. 이제 과욕을 부리지 말고 조금 남은 건강이나마 겸손하게 지킬 일이다. 지금 저 젊음이 그토록 소중한 것이었다는 것을 절감하고 있듯이 수년 후에는 지금의 이 상태가 얼마나 소중한 것이었나를 또 실감하고 있을 테니 말이다. 지금이 금 쪽 같이 소중할 때이니 부디 자중자애 하라고 아무나 붙들고 말하고 싶은 충동을 참느라 이를 지그시 물고 병원 문을 나선다.

(2010. 7. 25.)

최선을 다 하고 원수 짓지 마라

아직도 실감이 나지 않고 나와는 상관이 없을 것 같은 착각에 빠져 있다는 것이 죽음에 대한 솔직한 고백이다. 아주 먼 곳의 일처럼 느껴지기만 하는 이 반갑지 않은 문제를 실체로 놓고 쓸 수 있는 것이 유언장이다. 미리 써 본다는 단서가 있기는 하지만 유쾌한 기분은 아니다. 하지만 당연히, 아니 이미 때가 늦은 일이라는 생각이 드는 것 또한 사실이다.

사람의 한 평생이 짧다면 짧겠지만 생각해 보면 길기도 한 것이다. 한해 두해가 아니고 수십년을 살고 그것도 철이 들어 자신의 의지대로 사는 세월만 해도 얼마나 여러 해 인가? 그럼에도 불구하고 우리는 후회스러운 일을 또 하고 또 하면서 시간을 축내고 살아간다. 이제 다시 살 수 있다면 참 잘 할 수 있을 것 같은데 인생은 왕복이 아니고 연습 또한 없는 단판승부의 무서운 세계이다.

사랑하는 나의 후손들은 이 부족한 사람의 충고를 받아들여 실천해서 후회를 좀 줄여주기를 빌어본다. 매사에 후회 없도록 최선을 다하여서 살아라. 무슨 일이든지 할 때마다, 어떤 상황에 부딪힐 때마다. 단 한 번뿐인 일, 단 한 번의 기회라고 생각하고 혼신의 힘을 다해서 총력을 경주하라. 훗날 아유, 그때 좀 더 열심히 할걸, 좀 더 신중히 할 걸, 좀 더 낫게 할 수 있었는데 하는 등의 후회가 없도록 최선을 다하라는 말이다. 그래 어쩔 수 없어 그때 나는 최선을 다했어 내 능력이 그것뿐이었어! 실력을 길러야 해, 라고 흔쾌히 결과에 승복하고 받아들일 수 있도록 살아가라는 말이다. 살아 보니까 똑같은 기회는 또다시 찾아와 주지 않는 것 같더라.

세상을 사는 일이 만만치가 않아서 자신만 생각하기도 힘들다고 말들 하기도 하고 남의 입장 같은 것 생각하다가는 볼 일 다 본다고 극단적으로 말하는 사람들도 많더라만 그런 소리에 귀를 기울여서 악하게 살지 말아라. 수단 방법 가리지 않고 결과만 바라보라고 하는 사람들도 있지만 그렇지 않다. 모로 가도 서울만 가면 되는 것이 아니라 제대로 길을 따라 서울에 가야한다. 악을 행하면서 까지 어떤 일을 이루는 것 보다는 이루지 못하는 것이 백번 낫다. 그 당시에는 그 일이 아니면 큰일 날 것 같지만 인생은 그렇게 막되게 사는 것이 아니다. 경건하게 정도를 따라 살아야 자기 자신이 괴롭지 않다. 악은 행하고 나면 시간이 갈수록 괴물처럼 커지면서 자신을 파멸로 몰고 가기 십상이다.

원수를 짓지 말고 살아라. 양보하고 선하게 살면 손해를 보는 것 같으나 길게 보면 크게 이롭게 되는 것을 깨달을 수 있는 기회가 온다. 적선지가에 필유여경(必有餘慶) 이라는 말은 그냥 옛말이 아니라 현대에도 딱 들어맞는 금과옥조이다. 남의 가슴에 못을 박으면 그 사람이 평생 너를 저주할 것이니 무슨 일이 제대로 되겠느냐? 남 못 할 일 시키지 말고 네가 당한 나쁜 일은 훌훌 털어 잊어버리고 용서하는 버릇을 들이는 게 좋다 사람을 미워하게 되면 자신이 얼마나 괴로운지 모른단다. 병밖에 생길 것이 없으니 애써서 잊어버려라. 미안하다 나는 별로 좋은 것을 남겨주지도 못하면서 어려운 주문만 하고 가는 것 같구나. 나는 어떻게 살았다고 생각하느냐고? 글쎄다 나는 그렇게 살려고 애쓰며 일생을 살아왔다만 그 평가야 나를 아는 사람들이 내려주기를 기다릴밖에 더 있겠니? 아무리 돈이 양반인 세상이라고는 하지만 이름값을 중히 여기는 집안의 전통을 잘 이어주기 바란다. 부디 잘들 살아라. 부탁한다. 잘 들 있거라.

(2009. 9.)

한 발자국만 양보하면

날마다 분주하게 일상을 보낼 뿐인데 어김없이 한해는 가고 새해가 밝았다. 묵묵히 일만 하는 소의 해가 가고 백수의 왕이라는 호랑이해 경인년이 밝았다. 그것도 60년 만에 찾아온다는 백호랑이해라고 한껏 들 들떠있다. 호랑이와 관련된 덕담이 그칠 새 없으니 나는 올해 어찌 하고 싶은건지 그것이나 생각해 봐야겠다. 호랑이를 닮겠다고 모두들 달릴 것이라면 나만이라도 좀 천천히 발걸음을 떼어야겠다. 모두가 왕이 되기를 원한다면 나라도 백성이 되고 싶다. 적을 향한 호랑이처럼 물러서지 않는다면 나라도 한 발 물러 서 줘야겠다.

세상을 사는 동안 우리는 얼마나 지면서 살까? 수없이 지고 살지만 힘이 모자라서 지지 알면서 져 주거나 힘이 되지만 일부러 져 주기는 쉽지가 않다. 얼마나 세상이 각박해졌으면 '당신 멋져'라는 건배사가 다 나왔을까? 당당하고 신나게, 그리고 멋지게 져 주면서 살자의 약자라는 것이다. 올해는 정말 어지간하면 져 주면서 살고 싶다. 하기야 항상 져 주면서 살고 있는데 더 이상 져 줄 상대도 없으면서 웬 선심성 발언을 하고 있는 것인지 모르겠다. 아무튼 올해는 좀 멋지게 져 주면서 살고 싶다.

호랑이가 토끼 한 마리를 잡을 때도 최선을 다한다는 것처럼 정말 혼신의 힘을 다해 명수필 한 편을 쓸 수 있는 행운을 잡았으면 좋겠다. 욕심을 버리고 진정 비고 비인 마음으로 60년만의 백호처럼 필생의 명작 한 편 남길 수 있기를 바라본다.

동족상잔의 비극이 이 땅을 피로 물들였던 지가 어언 60년 전으로 환갑을 맞았다. 이제 그런 원치 않는 역사 그만 끝내고 통일이 이루어져 평양 모란봉에서 예배 한번 경건하게 드리고 냉면 한 그릇 시원하게 말아 먹었으면 좋겠다. 수필문학 평양 지부장이 되는 것도 괜찮은 일일 성 싶다.

2010년 6월의 지방 선거에서는 남녀 동수의 지방의회가 많이 탄생되고 문화를 이해하는 의원들이 많이 당선되어 원고료의 지원을 지방에서부터 시작하는 변혁이 일어나는 문화의 해가 시작되기를 바란다. 성년을 넘긴 수필문학이 명수필로 가득한 향기 나는 책으로 만인의 사랑을 받을 수 있게 되기를 기원한다.

수필을 사랑하는 모든 이들과 수필을 쓰느라 주름살을 늘여가는 우리 수필인 들에게 문운과 건강이 함께 하는 행운이 있기를 기원한다. 그 중심에 수필문학이 우뚝 서 있을 것이다. 이 해가 저물 때 바구니가 가볍지 않기 위해 호랑이처럼 최선을 다하는 한해를 보내 보자. 아웅다웅하지 말고 한 발자국 만 양보하면서. (2009. 12.)

해학 그 여유로움

곶감 한입을 베물다가 빙긋이 웃음이 배어난다. 호랑이가 무서워서 도망을 친 그것이 요렇게 맛이 있다니, 그래 비린내 나는 생고기만 먹던 입맛에 이런 달콤한 곶감 한 조각만 들어갔더라도 놀랄 수밖에 없으렷다. 객쩍은 생각을 하면서 달력을 쳐다본다. 올해가 경인년 호랑이해이다. 해가 바뀔 때마다 다짐을 하고 그해의 상징동물의 특성을 끌어다 붙여가며 희망을 얘기한다. 지난해에는 우직하고 성실한 소의 덕목을 되새기며 얼마나 많은 계획들을 세웠넌가? 연말이면 언제나 허탈하게 가벼운 바구니를 들고 서서 후회를 늘어놓게 되니 누군가가 12월을 껄껄 달이라고 했다지 않던가? 그럴 걸, 좀 더 잘할 걸, 그렇게 하지 말 걸, 등등 수없이 많이 쏟아내는 걸 대문에 아예 그렇게 부르는 게 낫다는 말이다.

지난해 전혀 소처럼 일하지 못했으니 올해엘랑 호랑이처럼 살아봐야 하겠는데 어떻게 하면 그렇게 살 수 있을까? 호랑이는 무서운 존재임에도 불구하고 우리 조상들의 생활 속에 깊이 들어 와서 함께 산 동물이 아닌가 한다. 문 밖에 웅크리고 앉아 때를 노리고 있던 호랑이가 방안에서 아이를 달래는 말, "자, 여기 곶감 있다."는 한 마디에 줄행랑을 쳤다는 이야기는 언제 들어도 배꼽을 잡기에 충분한 이야기가 아니던가? 곶감이란 놈이 얼마나 세면 호랑이 내가 밖에 와있다고 해도 아랑곳하지 않고 울어 제치던 아이놈 이 울음을 뚝 그치더란 말인가? 싶어 도망쳤다는 이야기 속에 우리 조상들의 해학을 넘는 기막힌 소망이 담겨있는 것이다. 백수의 왕 호랑이 그 무적의 강자를 한번 멋지게 골탕 먹이는데 곶감을 끌어들인 것이다. 호랑이가 얼마나 무서운 존재인지 알바 없는 어린아이에게야 우선 입에 단 곶감이 훨씬 좋은 흥정의 대상일 수밖에 없다.

우리 조상들은 호랑이를 무서운 존재만이 아니라 산신으로 받들면서 수호신으로 까지 승화시켰다. 약한 인간의 한계를 자인하고 강한 호랑이에게 운명을 맡기고 싶은 자포자기의 심사라고 할 수도 있겠으나 그보다는 어차피 가장 강한 자에게 모든 잡스러운 일을 다 맡기고 형통하기를 바라는 소박한 바람을 담은 자연 질서에의 순응이라 하면 어떨는지 아무튼 호랑이에게 잡혀 먹히면서도 우리네 생활 속에 호랑이만큼 깊이 들어와 동고동락하고 있는 짐승도 흔치 않은 것 같다. 생활자기, 그릇 속에도 있고 집안 한 두 곳에 그림으로도 붙여 있고 심지어 동네 정자의 천정화가 백호랑이 만으로 그려진 곳도 있다. 호랑이의 힘을 빌어 자신과

가족의 안녕을 빌고 싶은 심사의 표현들이다.

보은의 화신으로 그려진 호랑이를 보면서는 옛사람들의 민속 신앙적 종교심의 대상에까지 호랑이가 올라가 있음을 볼 수 있다. 자신의 목에 걸린 초례청 신부의 큰 비녀를 뽑아내 준 수도승에게 아랫마을 처녀를 업어다가 방 앞에 내려주고 간 호랑이의 이야기는 공주 갑사의 오누이 탑을 서게 만든 전설의 줄거리다. 호랑이는 이렇게 우리 생활 속에 깊숙이 파고 들어와 있었고 원수라기보다는 친근한 이웃처럼 자리매김하고 있는 것이 이상하기도 하고 재미있기도 하다. 심지어 호환의 팔자를 타고 나면 어찌해도 모면할 수가 없다는 말이 전해 내려올 정도로 체념하며 살고자 했던 것 같다. 자연을 정복의 대상으로 보았던 서양의 사고방식으로 보면 웃을 일이지만 자연에 순응하면서 자연을 크게 거스르지 않고 살아가는 동양적 사고의 멋스러움이 그 속에 있다. 우리 민화의 단골손님이 호랑이 임도 우연은 아니다.

어머니가 기도 중에 광한루에 갔더니 광한루 누각 아래 큰 휘장이 펄럭이는데 큰 호랑이가 그려진 그 휘장이 어머니 앞으로 휩싸여 오는 데 무섭지가 않고 호랑이가 크기도 하다고 생각하다가 깼다는 것이 내 태몽이라고 했다. 틀림없이 아들을 낳을 것이라고 믿게 한 태몽이었는데 낳고 보니 딸이어서 실망했다는 것이다 게다가 호랑이를 태몽으로 꾸면 효도를 못 받는다는 어느 스님의 말까지 듣고 보니 좀 꺼림직 했다는 어머니의 이야기를 들은 적이 있는데 그 말은 적중한 것 같다. 내가 아주 못되게 굴어서라기보다. 충분히 효도할 기간을 어머니는 허락하지 않고 서둘러 이승을 버렸다. 하지만 그 스님의 말이 맞는 것이 분명한 것은 어머니가 계신 동안에도 나는 최선을 다해서 어머니를 모시지 못했을 분만 아니라 마음을 편하게 해 드린 것 보다는 항상 걱정의 대상이 되어 드린 때가 더 많으니 불효가 분명하다.

그나저나 올해 백호랑이해라니까 우리도 60년만의 행운을 다 함께 누려봤으면 좋겠다. 호랑이의 기상으로 모든 일을 자신 있게 하고 곶감처럼 달콤하게 즐기며 살고 싶다. 선물 상자가 하나 배달되어 왔기에 열어보니 곶감이 불그레하게 아주 잘 말려져 들어있다. 아끼는 후배 글벗이 오빠네 농장에서 손수 말린 것이라고 보내왔다. 염치없지만 빛깔 고운 곶감을 한입 베어 문다. 입안에 침이 가득 고이고 달착지근한 맛이 환상적이다. 그래 올 한해만이라도 이렇게 달콤하게 살아보자. 곶감은 생겼으니 호랑이 그림 한 점 구해다 걸어야겠다. 현관 장식장위의 호랑이가 내가 여기 있는데 뭘 또 구해 오려 하느냐며 쳐다본다. 무서운 모습이 아니라 좋다. 곶감과 호랑이 절묘한 조화가 아니던가?

(2010. 1.)

호랑이의 여유

경인년, 호랑이 해 그것도 백호랑이 해라고 법석들이다. 마치 우리 모두가 호랑이라도 돼서 무적의 제왕이 될 것 같은 착각에 빠져 있는 것은 아닌지 걱정이다. 우는 아이에게 호랑이가 온다는 엄포는 통하지 않았으나 "곶감 여기 있다."는 한마디 말에 울음소리가 뚝 그쳤다. 문밖에서 방안을 노리고 있던 호랑이가 그 전말을 지켜보다가 덜컥 겁이 나서 줄행랑을 쳐 버렸다는 이야기는 언제 들어도 웃음을 자아내게 한다. 우리 조상들의 해학이 어떤 수준인지 알게 하는 기막힌 옛날이야기가 아닐 수 없다. 옛사람들은 잡혀 먹히면서도 호랑이를 이런 우스개의 주인공을 삼을 정도로 친근하게 생각하며 살아온 것이다. 산신으로서 우리들의 수호자로 알기도 하고, 잡아먹다가 비녀가 가로 걸려 신음하는데 용감하게 호랑이

입안에 손을 넣어 목구멍에 가로 걸린 큰 비녀를 뽑아내 준 수도승에게 아랫동네 처자를 업어다가 방 앞에 내려주고 가는 전설에서는 보은의 화신으로 호랑이를 매우 우호적으로 보기도 한다. 사람을 잡아먹는, 어찌 보면 가장 무섭고 치 떨리는 원수여야 할 호랑이를 지근거리에 두고 숭상하며 사랑하기까지 한 면이 많다.

호랑이는 굶어 죽을지언정 풀을 먹지 않는 기개의 상징이다. 먹을 것과 못 먹을 것을 가려서 먹는 해가 돼서 나라가 좀 조용해졌으면 좋겠다. 산신, 우리의 수호신이 되어 주는 것으로 생각했던 조상들처럼 하는 일마다 큰 보호를 받아 만사형통하리라는 자신감을 가지고 소신껏 일을 진행해서 큰 성취를 하고 싶다. 보은의 화신, 자신의 목숨을 구해 준 남자에게 처녀를 업어다 바치는 보은의 마음을 닮아 나 자신을 겸손히 돌아보며 그동안 고마웠던 모든 분들에게 감사와 보답이 되도록 많이 베푸는 일을 넉넉히 해 나가는 자세로 살고 싶다.

백수의 왕, 무적의 지위, 최고의 자리를 결코 내놓을 수 없는 호랑이의 숙명을 본받아 내 분야에서 굳건한 자리를 잘 지켜 내고 싶다. 앞으로 가면 갔지 뒤로 물러설 수는 없는, 그런 자신감으로 최고의 성취를 하고 싶다. 그런 포부로 살고 싶다. 올해는 더욱이 상서롭다는 백호랑이해라 하니 우리나라가 지금 상승하고 있는 성장세를 등에 업고 호랑이 걸음으로 달려 선진국 대열에 성큼 들어서는 해가 되었으면 좋겠다. 비록 토끼 한 마리를 잡을 때에도 최선을 다한다는 호랑이의 정신을 닮는 해가 될 수 있다면 우리 앞에 그야말로 불가능은 없을 것이다. 호랑이해가 되었다고 호랑이 무늬의 상품이나 사고 팔 것이 아니라 그 높은 기상을 닮아 볼 일이다.

호랑이는 몸이 빠르고 힘이 세니까 무엇에든지 재빠르기만 한지 알았으나 실제는 그렇지도 않은 것 같았다. 60년대, 창경원에 동물원이 있을 때 일이다. 하루 종일 더위를 피하고 있다가 해가 뉘엿뉘엿 할 때 돗자리등속을 말아들고 집으로 돌아가는 길에 우연히 호랑이 밥 주는 구경을 하게 되었다. 양동이에 수북이 고기를 담아들고 호랑이 우리 철창으로 올라가는 사람의 발걸음을 따라 호기심도 함께 움직였다. 천정 철창 한쪽이 열리고 고기가 아래 땅바닥으로 쏟아져 내려왔다. 숨이 멎는 듯한 것은 무식한 여대생의 소그만 가슴이었을 뿐이고 아무 일도 일어나지 않았다. 한동안 호랑이는 무슨 일이 있는 것이냐는 듯 꿈쩍 않고 태연히, 아니 순해 보일 정도로 심상히 엎드리고 있었다. 허겁지겁 달려들어 볼 상 사납게 고기를 물어뜯는 극악무도한 꼬락서니를 보게 됐다는 일말의 기대는 점점 사라지고 지루해서 발길을 옮겨 버리라는 유혹이 자꾸 머리를 들고 일어나는 상황에 까지 왔건만 호랑이는 미동도 않고 붙박여 있는 것이 아닌가? 저녁 해 라고는 하지만 한 여름이다 보니 등에서 땀이 흐를 지경인데 우리의 호 선생은 전혀 저녁식사를 시작할 낌 새가 아니 보였다. 이쯤 되고 보니 오기가 생겨서 아예 그 앞에 주저앉았다. 나도 장기전을 펴기로 한 것이다.

얼마나 지났을까? 드디어 움직이기 시작했다. 아, 이제 비호같이 달려들어 순식간에 먹어치워 구경도 제대로 못하나보다 싶어 두 눈을 똑바로 뜨고 응시했다. 그러나 또 예측은 빗나갔다. 천천히 아주 천천히 마치 스트레칭 하듯 다리를 뻗어가며 느릿한 몸짓으로 일어나더니 아주 느리게 어슬렁어슬렁 걷기 시작했다. 우리 안팎을 한 바퀴 휘이 둘러보기도 하면서 여유 만만한 모습으로 고기, 자신의 식탁을 향해 움직여갔다. 좀 과장하면 품위 있는 몸짓이라 할 만 하다. 고기를 먹는 품새도 왕다웠다. 다른 동물들의 아수라장 같은 식탁을 구경하고 나오면서 우리 안에 갇혀서 여유로운 것이 아니라 자신감이 있어서 느긋함을 지닐 수 있다고 생각했다. 굶주려도 풀을 먹지 않는 것이 육식동물의 생리적 특성인 줄 누가 모르랴만 모교의 응원가에 왜 "맹호는 굶주려도 풀을 먹지 않나니" 라고 강조하고 있는지 알게 된 순간이었다. 그 느긋한 자신감이 부러웠다.

멋지게 포효하는 호랑이 그림 한 점 구해다 걸어야겠다. 힘들면 쳐다보며 용기를 달고 싶어서이다. 맛있는 곶감 한 바구니 사다가 곁에 두고 먹으리라. 여유를 잃지 말고 느긋하고 즐겁게 살자는 교훈을 달콤한 맛 속에서 느껴보는 것도 괜찮을 것 같다. 조상들의 해학의 깊이도 음미해 보면서 말이다. 곶감과 호랑이, 아무래도 절묘한 조화가 아닐 수 없다. 나도 우리도 이 만큼만 즐기고 사는 백호랑이의 해가 되기를 소망한다. 그럴 수 있으려면 실력이 있어야 한다. 자 쓸데없이 허겁지겁 하지 말고 내실을 기해야겠다.

(2010. 1.)

5

고향 하늘 그리며 가셨습니까?

_ 그리움으로 차린 한감상

_ 요일 밖에 달라진 것이 없다니

_ 어디에 대고 불러보랴

_ 통일이, 통일이2

_ 그 날개는 언제쯤에나

_ 또 한 번 그 8월이

_ 고향 하늘 그리며 가셨습니까?

그리움으로 차린 환갑상

아버지.

목이 메어 입술도 달싹거리지 못하고 가슴으로 불러봅니다. 목울대가 자꾸 켕겨서 숨을 고르기가 힘듭니다. 남들은 고운 옷 갖춰 입고 차려 올리는 환갑상 대신 어이없는 우리 부녀의 이별을 기념하는 환갑상을 붓끝으로 차려 보고 싶습니다. 향기로운 먹물 대신 60년 피맺힌 한의 눈물에 찍어 씁니다.

아버지, 어린것이야 9살 밖에 못 먹었으니 세상 물정 올라 그렁저렁 살았다 치더라도 아버지는 그리도 많던 할 일과 크신 포부, 원대한 꿈을 다 어찌 주체하시고 꺾여 사셨습니까? 아버지를 끌고 간 그들은 이내 엄마와 나를 이웃의 아주 작은 집 구석방 하나에 쫓아냈습니다. 우리 집은 금세 인민 위원회인지 무언지 하는 집이 되어서 보초까지 세워 그 앞에 얼씬 조차할 수 없었습니다. 그림 같이 아름답던 정원도, 운동장만큼 넓었던 채마밭도 다 그들 발에 짓밟혔습니다.

집 전체가 우리 집 안방보다도 작은 것 같은 곳에 그것도 구석방 하나에 쫓겨난 엄마와 나는 그래도 행여나 하고 아버지를 기다렸답니다. 엄마는 새벽부터 아버지 소식 한 조각이라도 들어보고, 구명운동(?)을 할 데가 혹시 없을까 하고 이슬을 밟으며 집을 나섰고 철부지 어린것은 남원 할머니가 끓여주는 죽 한 그릇을 비우며 하루를 시작하곤 했습니다. 아버지가 돌아오시다가 집을 못 찾아 헤맬까봐 골목 밖에 나가 앉아 있곤 했지요. 예전처럼 사람의 왕래가 잦지도 않았지만, 목을 늘이고 기다려도 아버지는 오시지 않았습니다. 반동분자 놈의 에미나이 라며 땋아 내린 머리꼬리를 잡아당기던 인민군인지 보위부 누구인지 하는 무서운 사내도 잘 보이지 않았습니다. 아마도 아버지를 붙잡으려고 목을 지키고 있던 사람이었는지도 모르겠습니다.

성당 후문을 지키던 어린 인민군 병사도 눈에 띠지 않아서 좀 궁금했지만 사실은 성당 문 안의 먹 꽈리를 따다 달라 할 사람이 없어져서 조금 아쉬웠습니다. 나중에 생각해 보니 그 어린 병사도 낙동강으로 죽으러 갔는지 모를 일이었습니다. 비단 찢는 소리를 내며 비행기가 하늘을 가르면 지루한 기다림을 잠시 접고 골목 어귀로 걸어내려 갑니다. 우리 집 앞을 지날 때면 심술도 나고 서럽기도 한데다가 머리를 확 낚아챌 것 같은 공포심도 있어서 충무로 방향으로 돌아서 다니기도 했습니다.

중앙극장 앞에서 을지로 길이 아니면 지금의 백병원 앞길로 해서 명보극장 자리쯤을 지나 화원시장 근처 까지 돌아다니는 것이 일과가 되다시피 했습니다. 길가의 시체도 언젠가 부터는 아무렇지 않게 보게 되고 공습경보에 모두다 숨어버린 거리 한 가운데로 살짝 걸어 나와서는 하늘 위의 비행기를 말끄러미 올려다보기도 했습니다. 그럴 때 조종사가 보았다면 무어라고 했을까요? 아마 궁금한 게 몹시도 많은 아이라고 생각했을 수도 있을 것 같습니다.

그러던 어느 날 사람들이 모두 뛰어 나왔습니다. 서로들 얼싸안고 눈물 콧물이 범벅이 되어 뛰고 울며 웃었습니다. 밤이 되어도 그런 일을 해 볼 수 있는 행운의 여신이 엄마와 나에게는 찾아와 주지 않았습니다. 훗날 생각하기를 그날 엄마가 미치지 않고 성하게 남아 준것이 얼마나 다행이었나 하는 것이었습니다. 백중이 오빠가 집에 왔다가 엄마한테 봉변을 당했지요. 외삼촌이 그렇게 됐는데 어디 가서 있다가 혼자만 살아서 왔느냐는 것이 엄마를 미친 사람처럼 날뛰게 만든 죄목이었습니다. 9.28 서울 수복을 서럽게 맞아야 했던 어린 날의 기억입니다.

다시 학교에 가고 엄마는 아버지의 흔적이라도 찾는다고 날마다 새벽같이 나가고 나중에는 같은 처지의 사람들 끼리 모려서 시체라도 찾는다고 헤매고 다녀서 엄마 얼굴을 구경할 수가 없을 지경이었습니다. 38선을 시원하게 밀고 올라가던 국군이 압록강 까지 갔다기에 아버지를 만날 수 있나보다 했더니 중공군이 인해전술로 새까맣게 밀고 내려와서 전세가 바뀌었답니다. 사람들은 다시 피난 짐을 싸고 일찍 남행을 시작했습니다. 여름에 놀란 가슴들이라 겨울 난리라고 말들 하는 피난행렬은 사실 11월쯤부터 서울을 떠나기 시작한 것이지요. 우리도 외할머니가 트럭 3대를 갖고 올라오셔서 엄마에게 내려가자고 달랬으나 엄마는 세 식구 살러 왔다가 두식구만 살아서 내려 갈 수 없으니 공산당이 내려오면 아버지를 만나서 함께 죽든 살든 하겠다며 목 놓아 우는 바람에 외할머니는 부둥켜안고 우는 일 이외에 어떤 말로도 엄마를 움직일 수 없었습니다. 여러 날 권유했으나 엄마는 막무가내였습니다. 할 수 없이 외할머니는 외삼촌댁 가족만 데리고 내려가셨습니다.

1950년 12월 29일 엄마는 온 동네에 피난 명령이 내려졌는데 자신만 연락을 못 받은 사실을 뒤늦게 알고 분노에 떨었습니다. 사람 없어졌다고 자기를 무시하고 연락도 안 해줘 죽으라고 한 것이라고 펄펄 뛰었습니다. 반장을 맡아보던 박씨 댁에서 완강하게 서울에 남겠다는 엄마의 상처를 건드리지 않으려고 배려 한 것이 엄마의 오기를 건드린 것 이지요 아무튼 우리는 그 분노 덕택에 아버지 친구 분의 도움으로 체신부의 마지막 열차를 타고 아주 편한 피난길에 올랐습니다.

휴전이 되고 포로가 교환되어도 민간인들에 대한 문제는 제대로 논의조차 된바 없는 희귀한 전쟁사의 희생양이 된 가엾은 엄마는 19년을 하루같이 아버지를 기다리며 밥을 퍼서 담아놓기를 낙으로 삼는 그런 세월을 살다가 10월 초하루 국군의 날 저녁에 홀연히 한을 접었습니다. 국군의 함성에 실려 북녘 땅 까지 날아가 보고 싶었는지 어쨌는지 국군의 날 에어쇼가 한강을 뒤덮던 그날 가셨습니다.

지금이야 두 분이 실컷 만나셨겠지만 아버지는 그동안 어떻게 지나셨습니까? 북쪽 까지 끌려 가셔서 천수를 누리도록 고생을 하고 가신 것인지 서울에서 아예 이승을 떠나신 것을 우리만 모르고 헛되게 기다린 건지 알아봐야 아무 소용없지만 그런 소식이라도 알면 한이 조금은 스러질 것 같습니다. 저는 아버지를 부르는 아이들 목소리가 가슴 저미도록 부러웠지만 엄마가 안쓰러워서 아버지 생각 같은 건 하나도 안 나는 아이처럼 씩씩한 척 하면서 살았습니다. 엄마가 떠나실 때도 하도 기가 막히니까 울음도 제대로 안 나오는, 그런 속에서 속으로 울었습니다. 사람들이 애써 보내는 위로와 염려가 동정 같아서 더 태연하려 애썼습니다.

아버지가 안 계시다는 것이 얼마나 불쌍한 것인지 너무도 잘 알기에 초라해 보이고 싶지 않았습니다. 아버지의 기대에 어긋나지 않는 딸이 되려고, 원하는 딸의 모습을 보여 드리려고 열심히 공부해서 법과대학에도 갔는데 아버지가 못 하신 고등 고시 합격은 저도 못 했습니다. 죄송합니다. 엄마에게도 그 점이 제일 미안합니다. 이 정도 보고서라면 전후 60년 환갑상으로는 그런대로 된 것 같습니다. 눈물이 나서 중앙극장 근처에도 못 가던 제가 이제 그 근처의 냉면집에 가서 흔연하게 냉면 한 그릇을 비우고 나와도 별 생각이 없는 둔한 아낙이 되었습니다.

아버지 손을 잡고 올라가던 목멱은 버스를 타고 오르내리며 그냥 있는 대로만 보고 즐기는 정도로 심상해질 수 있게 되었습니다. 허리띠는 아직도 안 풀리고 거기서 내려다보면 우리 집은 없어지고 영락교회 선교관이 그 자리에 우뚝 서 있습니다. 그래서 옛집에 대한 한도 풀렸습니다. 아이들이 왔나봅니다. 문밖이 왁자지껄 하니 말입니다. 뵈올 날 까지 편안히 계십시오 아버지.

(2010. 6.)

요일 밖에 달라진 것이 없다니

60년 전 그날은 일요일이었다. 초록 짙은 후원에는 평화만이 고즈넉이 내려앉아 있었다. 아버지는 바로 전 주일에 올라오셔서 온 가족과 함께 느긋한 환담을 나누고 계셨고 나는 여전히 백일해 기침을 콜록거리며 아버지 무릎을 베고 있었다. 어머니는 과일을 권하며 낫지 않는 나의 백일해 걱정을 하고 있었다. 중문 밖에는 의정부 등지에서 아침 일찍 떠나 왔다는 피난민들이 잠간씩 쉬어 가면서 어서 피난을 떠나라고 귀 띰 해주고 갔나는 선살이 계속 늘어왔다. 라디오는 국군 장병들의 귀대를 공고하면서도 38선에서 가벼운 충돌이 좀 있었으나 안심하라는 방송만 흘려내 보내고 있었다.

쿵쿵거리는 총소리인지 포 소리인지는 점점 더 가까워지고 있었지만 우리는 그날 밤부터 지하

방공호에 내려가 잤다. 그 날인지 다음 날인지 안심하라는, 우리 국군이 북진하고 있으니 걱정 말라는 이승만 대통령의 육성 방송을 듣고 철석같이 믿으며 얌전하게 엎드려 있었다. 정말 말 잘 듣는 백성들이었다. 경무대에서 대통령이 하시는 말씀으로 굳게 믿고 자고 난 이튿날 새벽 우리는 소련제 탱크의 위용 앞에서 입을 다물 수가 없었다. 그로부터 만 3달 9.28 서울 탈환때 까지 독 안에 든 쥐 신세로 서울 시민은 굶주림과 죽음의 공포에 떨어야 했다.

보리 알갱이 몇 알에 근대 한 두어 이파리가 흐느적거리는 멀건 죽사발에 목줄을 대고 죽음보다 힘든 공포에 떨었다. 피에 굶주린 공산당들의 칼날을 용케도 잘 피하던 아버지가 더는 견디지 못하고 9월 4일 드디어 납북되고 우리 집은 풍비박산이 되었다. 어머니는 설흔 여덟 살 젊은 생과부가 되었고 9월 28일 서울이 수복되어 살아나온 사람들의 환희에 찬 모습에 실성할 듯 휘청거렸다. 나는 그 후로 그 정다운 소리, 아버지를 단 한 번도 불러 볼 수가 없이 되었다.

전쟁은 계속되었지만 서울은 다시 평온을 찾은 듯 어린것들은 다시 학교에 갔다. 교사는 유엔군이 들어와 천도교당 뜰에서 수업을 받았지만 그래도 학교는 학교였다. 그러기도 잠시, 북진에 북진을 계속해서 백두산에 태극기를 꽂을 날이 코앞에 왔다고 하더니 물밀 듯이 내려오는 중공군의 인해전술에 밀려 또다시 피난 짐을 싸야 했다. 눈 내리는 한 겨울의 서울 탈출은 숨 가쁘게 이어져 1951년 1월 4일은 서울을 온통 비우게 된다. 역사는 이를 1.4후퇴라고 기록하고 있다.

12월 30일인지, 1월 3일 인지, 아무튼 마지막 체신부 기차에 몸을 싣고 보름 만에 서대전에 도착했다. 통신열차여서 전세가 조금만 좋아지면 다시 서울 쪽으로 갔다가 또 조금 나빠지면 남행을 하다가, 이러기를 반복하며 시간을 끌었다. 설상가상으로 안양쯤 에서 인가는 유엔군의 기차 화통이 고장이 났다고 우리 것을 떼어갔다나? 아무튼 우리는 모두 내려서 걸어갈 준비를 했다. 그래도 몸 고생할 팔자는 아니었던지 다시 기차 화통을 달아 주어서 기차를 타고 남행을 계속하였다.

서대전의 객주집인지 누구네 사랑방인지 알 수 없으나 방안 가득 사람들이 누워 자는데 고열에 떠서 생사의 갈림길을 넘나들다가 어찌 어찌 한 밤중에 고비를 넘겨 어머니의 애간장을 다 태우고서야 겨우 목숨을 부지하고 다음 날로 전주 외가 집에 들어 설 수 있었다. 이때 아이의 나이는 겨우 10살이었다.

어머니는 아버지의 밥 멍덕을 묻어두고 밤이 맞도록 바람에 흔들리는 문고리 소리에도 귀를 세우시던 세월을 약한 몸으로 잘도 견뎌냈다. 딸 하나 고이 길러 대학 졸업까지 시킨 후에 전문직 여성으로 제자리 잡고 서니 이제는 안심이라는 듯이 홀연히 세상을 뜨고 말았다. 환갑도 못 살고 겨우 쉰 여섯에 한 많은 생을 접은 것이다. 거기서 또 한 세대도 더 흐르니 이제 그 애물단지 딸이 일흔이 되었다. 이런 전쟁 치르기는 호강에 들 정도이니 전쟁이 얼마나 몹쓸 것인지 두 번 말 할 필요가 없으리라

평화는 단순히 전쟁의 반대말이 아니라 차원을 달리하는 넓고 숭고한 개념이다. 전쟁도 전쟁 나름, 우리처럼 동족끼리 총부리를 마주 겨누고 증오를 키워온 전쟁은 그 중 말종이라 아니 할 수 없다. 공산주의의 실험은 20세기로 끝났고, 실패로 종언을 고했음을 증거로 보여주고 있건

만 지구상의 유일한 분단국 우리만이 그 고통의 씨앗을 아직도 품고 앉아 있으니 억울하고 분통 터져 죽을 지경이다.

전쟁의 극한 상황 속에서 인간이 인간일 수 있을까? 그것은 오직 살아남는 일이다. 그 말살의 시대에 서울 한 복판에서 오뚝이처럼 살아남았다. 털끝 하나 다치지 않았으나 아버지를 빼앗긴 아픔은 속울음으로 가슴 한 가운데 대못이 되어 박혀 있다. 인생이 환갑을 맞으면 그 삶의 길에서 큰 계기로 삼는데 우리는 전쟁이 회갑을 맞도록 진행 중이니 기막힌 일이라 아니 할 수 없다. 60년이 지난 오늘, 6월 25일은 금요일이라는 것 밖에 한반도의 상황은, 분단이 그대로인 것이 우리의 불행이다.

(2010. 6.)

어디에 대고 불러보랴

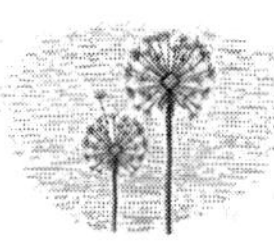

아빠 이제 뽀뽀를 할 수 없군요. 자 마지막으로 뽀뽀해 드릴게요. 안녕! 이라고 쓴 옆에 자신의 입술을 빨갛게 찍어 놓았다. 천안함 순국용사의 8살짜리 딸이 바친 편지다. 더 어려서 부모를 잃는 아이도 있고 병이나 사고로 요절하는 젊은이도 있지만 이번 같은 불행 앞에서 우리는 생떼 같은 목숨이라고 울분을 토해내며 애통해할 수밖에 없다. 정확한 원인을 아직도 규명 중에 있으니 이러쿵저러쿵하기에는 이른 감이 있으나 우리의 분단이라는 현실과 무관하지 않은 일임이 틀림없어서 치솟는 분노는 슬픔으로 변하여 우리 가슴을 저리게 하고 목줄이 당겨오는 속울음을 삼킬 수밖에 없이 만들어 놓고 있다. 2010년 4월 한 달 우리 모두 바다 속 깊이 백령도 인당수에 무겁게 가라앉은 기분이었다.

"춘래불사춘(春來不思春)을 올 봄처럼 온 몸으로 느낀 적도 없을 듯싶다. 50년 전 4월, 경무대 앞 총성을 신호로 뜨거운 젊은 피가 세종로를 물들였지만 그 피는 채 1주일도 못 되어 독재를 무너뜨림으로서 4.19혁명으로 승화 되었다. 4월을 잔인한 달이라 한다지만 반세기 전 이 땅의 4월은 승리의 4월이요, 빛나는 4월이었다. 100년전 하얼빈에서 나라를 빼앗아 간 원흉 이토오 히로부미의 심장을 쏜 안중근 열사의 순국일인 3월26일 바로 그 날 우리 바다를 지키던 천안함은 칠흑 같은 어둠속에서 어이없이 두 동강이 난 채 백령도 앞바다에 가라앉고 만다. 뱃머리 쪽의 51명만 구조되어 목숨을 건지고 함미 쪽에 있었던 것으로 추정되는 46명의 용사는 결국 상관의 복귀명령에 불복하게 되고 말았다. 그나마 40용사는 숨 못 쉬는 몸이나마 가족 품에 안겨졌지만 6명의 용사는 끝내 찾을 길 없어 가족의 가슴에 돌멩이 하나를 더 매달아 주고 말았다. 처음 며칠은 함미 격실 안에 물이 차단된 채 살아 있을지 모를 용사들의 생환을 위한 구조작업에 온 국민의 마음이 함께 실렸다.

유난히 심술스런 날씨 까지 겹쳐 말 그대로 바다 밑의 사투에서 우리 해군UDT의 전설, 한주호 준위가 순국하여 또 한 번 우리를 망연자실하게 했다. 수색 중 용사 1명을 기관실 위치에서 찾아냈으나 이미 복귀명령을 수행할 수 없는 시신이었다. 실낱같은 희망마저 버려야 되는 절체절명의 상황에서 유족들은 실로 상상하기 어려운 용단을 내려 감동의 드라마를 연출해 낸다.

이제 더 이상 실종자의 구출을 위한 수중 탐색을 중지하고 함정인양 작업에 착수해 달라는 결정을 내린 것이다. 생존의 가능성이 희박한 상황에서 우리 같은 유가족을 더 이상 만들지 말자는 이유에서 내린 용단이었다. 일일이 사람이 위험을 무릅쓰고 깊은 바다로 내려가 작업하다가 생기는 또다른 해군의 희생을 막겠다는 충정에서 나온 그 결정 앞에서 우리는 또 한 번 가슴이 뜨겁고 부끄러웠다.

자식이, 남편이, 형제가 지금 그 바다 밑 선실에서 실낱같은 목숨을 부지하고 있을지도 모르는데 그 가능성을 포기하고 다른 사람의 추가 희생을 예방한다는 배려는 말이 쉽지, 막상 내 앞에 당하면 실천하기 힘든 결단이다. 나라면 그럴 수 있었을까? 못했을 것 같다. 연돌 안에서 또 한 명의 용사가 발견되자 유족들은 피눈물 나는 결단을 또 내리게 된다. 만약 함정을 인양했을 때 그 안에도 없는 실종자는 침몰 시에 산화한 것으로 추정하여 장례절차를 함께 진행한다는 결정이었다.

진정 무릎 꿇어 경의를 표하는데 어깨가 들썩여진다. 저들 중에 누군가는 시신이라도 수습한 유족이 더 없이 부러운 형편이 될 테니 그들은 한 평생을 어떻게 살아간단 말인가? 19년을 하루같이 아버지를 다시 만나리라는 희망을 버리지 못하고 살던 어머니의 젖은 눈이 시야를 가리며 가슴이 저려온다. 남편의 생사를 모른다는 것, 그것은 어떤 아픔이라고 감히 실명하기 힘들다.

온몸을 던져 우리의 바다를 철통같이 지켜 왜적을 물리치고 나라를 구한 우리 해군의 우상 성웅 이순신 장군의 탄신일인 4월 28일 까지 국민들의 추모를 받고 46용사는 해군장으로 4월 29일 오후 3시에 국립현충원에 안장 되었다. 장례식장의 유족들을 보면서 또 한 번 내 설음에 오열했다.

엄마의 얼굴을 손수건으로 연신 닦아주는 대 여섯 살 밖에 안 돼 보이는 사내아이, 쌍둥이처럼 보이는 두 딸 아이를 허리에 끌어안고 엉겨 붙어 우는 모녀, 열 살 좀 넘어 보이는, 꽤 둠직해 보이는 아들이 아버지의 영정 사진을 하염없이 닦고 서 있는 모습, 아들아 미안 하다고 절규하는 어머니, 관위에 흙을 뿌리며 돌아보지 말고 편한 나라로 어서어서 가버리라고 울부짖는 젊은 아내, 어느 누가 더 아프리라는 등속의 말은 어차피 아무 소용이 없다. 저 영정을 가슴에 묻고 늙어가야 할 부모들의 아린 가슴, 하늘이 무너져 버린 젊은 아내들의 시린 옆구리, 평생 아버지를 부르는 입술들을 부러운 눈으로 쳐다보아야만 하는 어린 자식들, 그들을 감싸 안고 이 험한 세상을 헤치며 살아가야할 젊은 어미의 가시밭길, 모두들 다른 모양의 가시가 되어 가슴을 후빈다.

유독 시야를 가리는 것은 어린 자식들의 모습이다. "어떻게 살래, 어떻게 살아, 평생을 아버지가 부르고 싶어 어떻게 사니 그 그리움은 핏빛일 텐데 어떻게 산단 말이냐?" 끝내 통곡 소리를 내고 마는 내게 화살 하나 날아와 꽂힌다. "아유, 또 울어? 눈물도 흔하기도 하다."그래 환갑까지 부모를 모시고 살 수 있었던 행운아가 이 박복한 아낙의 심정을 모르는 게 당연하지 탓 한들 무엇 하랴.

9.28 수복 후, 전쟁 통에 집이 불 탄 친지들이 우리 집에 와 있었는데 저녁에 "아버지이" 하며 뛰어나가는 옆방 아이들 소리에 반사적으로 뛰어나간 나를 쳐다보며 눈길을 주체 못하던 아버지 친구의 민망해 하던 얼굴과 거기 반사된, 울 수도 웃을 수도 없던 9살배기 계집아이 얼굴이 겹쳐진 야릇한 화면이 평생 망막에 박혀있다. 그날 그 아이들이 부러웠

던 소녀의 마음은 가슴 한 구석에 시린 그리움으로 뺄 수 없는 못이 되어 깊이 박혀있다. 다른 애들은 다 아버지가 살아남았는데 우리 아버지는 내무서원에게 끌려간 후 소식이 없다. 하얀 모시 고의적삼 차림에 수갑을 차고 끌려가던 뒷모습이 내가 작별한 아버지의 마지막 모습이다. 영정사진을 닦는 아이, 국화꽃을 바치며 우는 아이, 입술을 찍어 마지막 뽀뽀의 인사를 띄워 보낼 수 있는 아이들 모두, 그런 슬픔조차도 내게는 서러운 부러움이다. 그래 어차피 부둥켜안고 울고불고 보낼 마지막 절차라도 있었으니 부디 꿋꿋이 잘 자라서 이 비극의 땅이 통일의 땅이 되는 날 설움을 딛고 서 승리의 노래를 부르려무나.

(2010. 4.)

통일이, 통일이

아버지!

저는 지금 남쪽으로 가고 있어요. 강의를 하러 학교에 가느라 달리는 차안에 앉아있습니다. 지금 바로 이 시각(2002년 6월 13일 오전 9시) 우리 대통령은 북으로 향해 떠났습니다. 이산가족의 만남을 꼭 해결하고 오겠노라 간절한 인사말을 남긴 채 비행기에 올랐습니다. 제 마음도 그 비행기와 함께 올라타 있습니다. 아니 벌써 정상회담 성사가 발표되고부터 북으로 날아가 있는지도 모릅니다.

6년 전 처음으로 남북 정상회담이 열린다고 들떴던 그 때처럼 더운 여름날이지만 하늘도 우리 마음을 알아주는 양 화창하고 맑은 것이 봄, 가을 날씨 같습니다. 하늘에 떠있는 뭉게구름만 내 마음을 알겠다는 듯 유유히 흐르며 은근히 모양새를 바꾸어 갑니다. 마치 역사의 흐름과 만사의 변화를 무언으로 가르치고 있는 것 같기도 합니다.

아버지

저는 지금 아버지가 북녘 하늘 밑에 계시리라 생각지 않습니다. 104세의 고령은 장수시대라 해도 희귀한 장수이기에 욕심을 접은 지 오래입니다. 아버지의 마지막 땅이 어디인지도 모르기는 마찬가지입니다. 아버지의 별세 때가 언제인지 모르듯이 말입니다. 1950년 9월4일 이른 아침 내무서원에게 끌려가신 후 곧바로 서울 장안에서 흉사를 하셨을 수도 있고, 당시의 서대문 형무소에서 몇 날을 보내셨을 수도 있겠지요. 분명한 사실은 우리 아무도 아버지의 행방과 생사에 대해 아는 사람이 없다는 것입니다. 전쟁이 끝나고 난 후나 휴전협상이 진행될 시기에도 아버지 같은 분들의 생사 확인조차 의제에 올라본 적이 없다는 우리 역사가 살아갈수록 더 가슴 아플 뿐입니다.

현충일에 조그만 묘비 앞에 꽃 한 송이를 놓고 목 놓아 우는 소복의 전몰 미망인을 부러워하던 어머니의 한을 보아온 19년 세월이 제게는 헤일 수 없는 피멍이 되어 가슴에 못이 되어 있습니다. 납북됐다 돌아오는 어부들의 환한 모습이 전면을 장식하는 날 저는 어김없이 그 날 신문을 감추느라 소리 없이 움직여야 했답니다. 무심한 세월은 어머니도 데려가고 제게도 이순의 계급장을 붙여 놓았습니다.

1972년 7.4공동성명이 발표되고 금세 통일이 될 것 같던 그 때에 몇 해 전에 세상 떠난 어머니가 가여워 통일조차 못마땅할 것 같은 심정이었습니다. 참 철딱서니 없는 생각이었지요. 아마 아버지는 그런 제 심정을 이해하실 줄 믿습니다.

아버지

지금은 어머니를 만나셨겠지요. 어머니도 이승을 떠난 지 30년이 넘었으니까요. 아버지는 정말 어디서 언제 돌아가셨습니까? 꿈에라도 오셔서 좀 알려주고 가실 것이지. 아무래도 아버지는 저를 아주 잊어버리셨나봅니다. 정말 북쪽까지 끌려가시기나 한 것입니까? 어머니가 아버지 시체라도 찾겠다고 똑같은 처지의 납북 인사 부인들과 함께 동두천, 의정부, 문산 등지를 헤매다가 1.4후퇴로 서울을 떠나면서 그 일도 끝낼 수밖에 없었습니다. 그때 까지 흔적도 못 찾았다니 우리는 아버지가 북으로 끌려가실 때 까지는 생존하셨으리라 믿고 살아온 것이랍니다. 북녘 어디쯤에 사셨는지 그것도 모르니 북이라는 말만 들어도 이내 콧날이 시큰해 올 뿐입니다.

강제로 혼인까지 시켰을 것이라는 사람도 있고 역경을 못 이겨 곧 별세 했을 것이라는 사람도 있습니다. 어머니만은 유일하게 아버지의 생존을 굳게 믿었습니다. 당신을 두고 그냥 갈 분이 아니라는 신념 같은 것이 그 어른을 19년씩이나 지탱시켜 준 것 같습니다.

아버지

아버지의 밥주발을 밤낮으로 어루만지며 그 그릇의 찬밥을 먹는 것으로 그나마 마음을 다잡고 살았을 어머니의 심정을 제가 헤아리게 되었을 때 그때는 이미 어머니는 이 세상 사람이 아니었습니다. 한강은 말없이 흐르고 있습니다. 강물을 바라보는 눈에 물인지 불인지 모를 뜨거운 것이 가득 채워지고 주체를 못 해 흘려내 보내고 있습니다. 가느다란 흐느낌이 통곡이 되어 옆 사람의 시선을 피하느라 목을 눌러 봅니다. 하늘은 여전히 푸르릅니다.

이산가족, 통일, 6.25, 그 어떤 이야기든지 첫 글자만 나와도 눈시울을 붉히는 내게 남편은 말합니다. 이제 그만 잊어버리라고. 그래서는 백날 가도 통일은 안 된다고 말입니다. 교회에서 북에 양식을 보내야 한다고 할 때 저는 목사님께 따지듯이 물었습니다. 이 돈을 갖다가 그 사람들이 무기를 사지 않는다고 보장할 수 있겠느냐고요. 그때 목사님은 확신에 찬 대답과 따뜻한 권고로 제 마음을 어루만져 주었습니다. 이 돈을 가져다 그들이 어디에 쓸지 그것은 나도 모릅니다, 다만 하나님의 뜻에 따라 쓰일 것은 분명히 입니다. 그러고 동포니까 사랑으로 줄 수밖에 없다는 이 사실도 하나님의 명령이니 따르고 마음을 녹이라 했습니다.

남편은 나를 달래 보려고 엊저녁에도 그러더군요. 누가 아느냐고 당신도 동생을 만나게 될지…. 나는 놀란 눈으로 쳐다보았지요. 남편은 말했습니다. 장인께서 거기서 새 가정을 꾸미기라도 했으면 동생이 있을 수도 있지 뭘 그러느냐고요, 나는 단호히 말했습니다. 나는 모르는 일이라고, 있을 수도 없고 나는 어차피 상관치 않을 거라고요. 만약 그런 일이 벌어진다면 정말 제가 상관이 없을까요? 그것은 어쩌면 또 하나의 비극을 연출하는 일일 수도 있고 많은 비극 중 하나가 끝나는 일일 수도 있겠지요.

아버지,

우리 대통령이 평양 순안비행장에 내렸습니다. 김정일 국방위원장이 비행기 트랩 바로 밑에 까지 걸어 나가 서서, 내려오는 대통령을 직접 마중하는 파격적 영접을 하고 있습니다. 김정일의 도착에 맞춰 질러대는 환영객의 함성은 라디오 스피커를 찢어놓을 듯 광란하고 있습니다.

아버지,

저는 이 순간 오로지 제가 저 곳에 살고 있지 않다는 사실에만 감사하는 아주 조그만 시민임을 발견 합니다 오히려 아버지가 서울 근처의 어딘가에서 흉사하셔서 저 곳, 알 수 없는 곳, 북녘에서 고생하신 세월이 없기를 바라옵니다. 만약 동생이라는 사람이 나를 찾아온다면 그동안의 고생을 덮어주는 마음에서라도 흔쾌히 받아들일 수 있는 넓은 도량을 주시라고 기도해야 할까 봅니다.

죽은 자와 당한 자만 바보입니다. 역시 역사는 살아있는 사람들의 차지인가 봅니다. 아무래도 가야 할 내일을 위한 준비를 서둘러야 할 것 같습니다. 그날의 제 심사는 저도 지금은 잘 모르겠습니다.

아버지는 정녕 어디에 계십니까? 지금 이 시간에.

(2002. 6.)

그 날개는 언제쯤에나

초연이 쓸고 간 깊은 계곡/ 깊은 계곡 양지 녘에/ 비바람 잔 서리에 울다 지친/ 울다 지친 비목이여….

그리운 금강산이 애창되기 전에 마치 국민 가곡처럼 널리 불리던 우리 가곡 비목의 노랫말이다. 한 젊은이가 군대생활 중에 어느 계곡에서 나뭇가지 위에 고철이 된 철모가 덩그러니 걸려 있는 것을 발견하고 잠시 숨이 멎는 듯 했다. 저 모자의 주인공이 지금 살아 있다면 자신과 비슷한 나이였을 것을 떠올리고 눈시울이 뜨거워진 한명희씨는 비목의 노랫말을 짓게 되었다. 강원도 화천군 그림 같은 산길을 따라 얼마나 달려왔을까? 파로호의 비경에 감탄 하느라 입을 다물지 못 한 채 평화의 댐을 끼고 오른 비목 공원, 그날의 비목을 상기 시키려 비목에 철모를 걸어 조성해 놓은 곳이다. 저 철모의 주인처럼 무참히 죽어간 젊음이 어디 하나 둘이었겠는가? 그 소중한 목숨과 피 값으로 지금의 대한민국이 굳건히 서있다는 생각이 들자 가벼운 전율이 훑고 지나간다. 너희들은 모른다고 말을 시작하노라면 "아아 엄마 또 그 이야기?" 하면서 반갑지 않다는 표정으로 말문을 막기 일쑤이다.

전쟁을 모르는 세대가 갖는 당연한 반응이다. 혹독하게 6.25를 겪고 그 한을 평생 떠안고 살아가는 어미를 둔 내 아이들의 생각도 그 정도인데 큰 탈 없이 전쟁을 겪은 행복한 사람들의 자손들이야 더 말해 무엇하겠는가? 그 피비린내 나는 동족상쟁의 전화 속에서 구사일생으로 살아난 사람들도 이제 하나 둘 하늘로 떠나고 있다. 그때의 전우들을 애타게 추모할 사람들도 점점 줄어들고 있다는 말이다. 지금 저 철모의 주인공은 어쩌면 엄청난 행운아일지도 모른다. 똑같은 모습으로 죽어갔건만 기억 저편으로 사라져 버린 수많은 사람들을 생각해 보면 비록 녹 쓴 모자를 고목가지에 걸고 서 있지만 그 젊은이는 죽어서도 말하고 있다고 할 수 있기에 말이다.

소련이 해체되고 공산주의의 허상이 철저히 깨어진 지금 어이없게도 공산주의의 가장 큰 피해자라 할 수 있는 우리나라가 이념의 갈등과 혼돈 속에서 헤어 나오지 못하고 있는 현실이 가소롭고 안타깝다. 비극의 현장에 평화를 노래하는 평화공원을 만들고 평화의 종을 제막하는 화천군은 그 행사의 중요 순서로 평화세미나를 계획하고 주제 연사로 소련의 해체를 이루어낸 당사자 고르바초프를 초청했다. 발제자로는 전직 국회의원인 여성 정치인들을 부른 것도 눈에 띄는 기획이라 하겠다. 우리 머릿속에는 평화의 파괴 주범인 소련의 1인자였던 ,사람, 공산주의자를, 공산주의를 막아서 조국을 지키겠다고 꽃다운 목숨들을 초개 같이 버린 현장에 불러들인 결단과 파격에 신선한 충격을 받는다. 세상은 정말 많이도 바뀐 것 같다.

평화의 종은 6.25가 남긴 탄피를 수거해서 1만 근으로 조성하는데 종을 다 만들어 놓고 종신의 조각물 중 비둘기의 끝 날개 한 쪽을 남겨 놓았다. 이 부분은 훗날 통일이 이루어진 날에 북쪽 땅의 탄피를 모아서 만들어 붙이기로 한 채 우선 미완성으로 제막하게 되었다는 것이 화천군수의 설명이다. 저 비둘기의 날개가 붙여지는 날 다시 이곳을 찾아 비목을 서럽게 불러 볼 수 있을는지, 칼을 녹여 보습을 만드는 성경 속의 축복을 우리가 생전에 누릴 수 있을까? 목이 싸아 해 온다. 금강산댐을 무기화해서 터뜨리면 우리 땅이 물바다가 된다는 발표에 초등학생 고사리손들이 깨 들고 온 저금통까지 집어삼키고 만들었던 평화의 댐을 내려다보며 야릇한 감회에 젖는 심사는 무엇이 그 정체인지 나도 잘 모르겠다.

무심한 새들이 앞 다투어 지저귄다. 네 마음 안다는 것 같기도 하고 철없는 청승 기에 찬 물을 끼얹는 것 같기도 하다. 그렇다 평화의 댐은 물이 넘실거려 제구실을 하면 되고 평화의 종은 어서 비둘기 날개를 완성해 붙이면 된다. 그날 우리는 목을 놓아 비목을 부르며 마음껏 울면 된다. 목이 짓눌려 한껏 울어 보지도 못한 설움들이 산천이 떠나도록 노래를 불러 아까운 젊음들을 진혼하면 된다.

석양이 곱게 물들기 시작한다. 이제 아쉽지만 차를 돌려 남으로 달려가자. 통일의 그날을 앞당기려면 우리 모두 자신의 자리에서 최선을 다해야 할 것이니 생업의 현장으로 돌아가자. 초연이 쓸고 간 깊은 계곡 바로 그 자리엔 평화의 씨앗이 잘 싹트고 있다.

(2009. 7.)

또 한 번 그 8월이

장마도 끝나고 뜨거운 여름 한가운데 빠져있다. 지구 온난화로 인류의 종말이 앞당겨 지고 있다는 경고가 귓전을 때린 지도 꽤 오래된 일이다. 1970년대 초 세계 환경회의의 스톡홀름 선언 때부터 학자들이 목 아프게 소리 쳤지만 별로 눈 한 번 크게 뜨지 않았던 것 같다. 이제 봄이 없어지고 곧장 여름으로 줄달음치는 날씨에 접하면서 정말 지구가 더워지고 있다고 느끼기 시작했다.

빙하가 녹는다는 막대그래프의 통계치를 보고서야 가슴을 쓸어내리며 후손들에게 미칠지도 모르는 재앙을 심각하게 염려하기 시작했다. 일찍 덥기 시작한 날씨 덕에 자두와 복숭아가 나란히 과일가게에 자리를 잡고 앉았더니 어느새 시들해졌다. 수박, 참외의 독무대였던 여름 과일 시장은 이제 옛말이 된지 오래다. 온상재배라는 환상적

농사법이 제철 채소나 과일을 밀어낸 지 오래이지만 이제 나무에서 자라는 복숭아조차 철이 성큼 앞당겨졌나 보다.

시원한 꿀물에 미숫가루 한 순갈 듬뿍 풀어 새하얀 사기대접에 담아내던 손님 접대도 옛말이다. 주스나 탄산음료에 밀려났던 이 분야에도 요즘 들어서는 매실즙이나 오미자 화채가 다시 끼어들기 시작해서 반갑다.

여기저기서 6.25를 기억하자고 신식, 맛있는 주먹밥을 만들어 나누고 나면 이내 7월로 접어든다. 7월이면 여름 방학이 기다려지고 더위에 쫓겨 단축 수업이라는 횡재가 따라와서 즐거웠던 기억이 새롭다. 방학은 어쨌든 즐거운 시간이고 여름방학은 더욱 즐겁기 마련이다. 청소년과 젊은이들에게는 그 어느 것보다 더 좋은 선물이다. 태양이 뜨거울수록 더 신나는 여름날을 즐기다 보면 개학이라는 현실이 저 멀리서 손짓하며 숙제 등등의 걱정이 뒷머리를 살짝 잡아당기기도 하는 8월을 맞게 된다. 개학 준비나 숙제등속은 일단 접어두고 그저 신나는 날들이다. 그것이 젊음이다. 그때가 그리울 뿐이다.

이런 계절적 즐거움 외에 우리는 1945년의 8월 15일 광복이라는 큰 선물로 해서 이 8월이 남다르게 소중하고 의미 있는 달인 것이다. 불과 다섯 해 후에 6.25라는 동족상쟁의 비극을 겪어야 했지만 그래도 우리는 크고 못된 사슬에서 풀려난 것이다. 그런데 이 여름 우리는 매우 불안하다. 59년 전 그 여름처럼 미숫가루를 짊어지고 산으로 숨어 들어가야 할 일이 생길까봐서 그렇다. 이제야 만약 그때 같은 불장난이 터지면 그 시절처럼 피난을 가는 것이 아니라 그 자리에서 모두 끝장이 나버리는 처절한 사태가 되어 버리겠지만 어처구니없게도 미숫가루를 보면 피난 양식이 생각나는 것을 어찌하랴. 북의 철없음이 마치 머리에 불화로를 이고 있는 것 같아 목 디스크라도 생길 지경이다.

1953년 8월은 휴전이라는 것으로 일단 형제끼리 겨누었던 총부리는 거둔 후 돌아온 포로들로 기쁨의 물결이 넘실거리기도 했다. 그 후 56년을 굳건히 버티고 있는 155마일 휴전선을 생각하면 휴전 아닌 잠정적 분단 확인 같은 생각도 든다. 설마 곧 통일이 되겠지 하고 믿었던 우리들에게 그 설마는 정녕 사람을 잡고야 말았다. 수많은 실향민과 이산가족들은 한에 눈꺼풀이 붙잡혀 눈을 못 감고 이승을 떠나갔다.

우리들 삶의 질이 훼손당하지 않는 전제하에 통일이 되어야 한다고 생각하기에 북의 철부지 놀음이 마땅치 않다. 찌는 듯한 폭염 속에 마루 밑에 숨겨놓은 가족 때문에 동짓달 설한풍보다도 더 추운, 등골이 오싹오싹하는 여름을 보내야 했던 59년 전의 새댁들이 이제 저승 문턱에 서 있게 되었다. 기브 미 초콜릿 (Give me chocolate)을 외치며 유엔군을 쫓아다니고 소리 높혀 유엔의 노래를 부르던 어린것들도 이제 이 나라의 원로라는 이름으로 뒷전으로 밀려나고 있다. 무심한 세월은 그렇게 흘러버렸다.

우리는 후손을 위해 이 땅이 초토화 되는 것을 막아야 할 의무가 있다. 핵이 가져올 참혹한 결과가 이 땅에서 일어날까봐 우리는 전전긍긍하고 있는 것이다. 미사일을 쏘아대는 북의 철없음을 심히 걱정하는 것은 그 불장난이 우리 민족의 재앙을 자초할까봐 걱정스러워서이다. 우리는 이렇게 전쟁의 위협에서 벗어나야 하는 절체절명의 위기에 처했음을 인식하고 국가 안보를 철저히 하고 열심히 기도해야 한다. 크게 밖으로 눈을 돌리면 지구 온난화를 막아야만 우리가 후손에게 죄 짓지 않는 조상이 될 수 있다. 우주에 다녀오는 이마다 말할 수 없이 아름답다고 극찬하는 지구를 우리는 힘을 다해서 지켜야 한다. 그렇게 보존해서 후손에게 물려주어야 한다.

지구 온난화를 막는 일은 크고 거창한 일로만 가능한 것이 아니라 나 한 사람이 종이컵 하나 아끼는 일에서부터 비롯된다고 해도 과언이 아닐 만큼 내 손 끝에 달려 있다. 과자를 담아 들고 들어온 비닐봉지 하나를 버리지 않고 한번 되쓰는 것 같은 아주 쉽고 평범한 일로 지구를 지켜낼 수 있는 것이다. 빙하가 더 이상 녹지 않도록 하는 일이 내손에 달려 있다. 북이 철부지 장난을 하지 못하게 하는 것도 우리의 철통같은 국가 안보의 의지에 달려 있음을 명심해야 한다.

자 이제 가을을 준비하는 부지런함과 지혜로움을 함께 가져야 할 시기이다. 여름을 마무리 하면서 쓸데없는 자원의 낭비가 내손에서 이루어지고 있는 구석은 없는지 세심하게 살펴보고 지구 온난화를 막기 위한 아주 작은 실천을 내 손끝에서 부터 시작해 보자 북의 어리석음을 깨우치기 위해 내가 먼저 사회 안정에 앞장 서 봄은 어떨까? 우리 모두 행복하세 잘 살 수 있는 나라와 지구를 위해 신명을 바쳐 볼 일이다. 그러면서 그 감격의 8월이 또 한 번 우리에게 찾아오기를 기원하자.

(2009. 7)

고향 하늘 그리며 가셨습니까?

장돈식 선생님, 태풍에도 끄떡없을 것 같던 선생님의 와병소식에 놀랐던 가슴이 아직도 덜 진정 되었는데 떠나시다니요? 그것도 달을 거른 후에야 소식 듣게 되어 꽃 한 송이 작별도 할 수 없게 하십니까? 고향 땅이 그리워 어찌 발을 떼셨습니까?

생각나실 겁니다. 수필문학추천작가회를 탄생시키려고 인사동에서 모였을 때, 얼었던 남북이 열리는 듯 했을 때, 그때 역시 찬반의 양론이 들끓고 있었습니다. 우리들 또한 밥상을 앞에 두고 통일과 남북 이야기로 국은 다 식어버렸지요. 그이야기 할 수 있는 사람은 여기 오 교수 하고 나밖에 없다는 선생님 말씀에 오창익 교수님 눈은 어느새 젖어 있었습니다. 우리는 처음에 어리둥절해서 농담으로 받으려고 입들을 벙긋거리려 하다가 선생님의 진지한 모습에 압도되어 재갈이 물린 채 방안 공기는 삽시간에 영하로 내려가고 통일과 이산, 그리고 실향의 아픔이 어떤 것인지 조금은 그 설움을 알 것도 같았습니다. 아직도 갈 수 없는 북녘 산하가 눈앞에 어른거려 먼 길을 어이 뜨셨더란 말입니까?

역시 건강하시더니, 잘 견디신다, 곧 일어나시겠지, 하는 안도감을 핑계로 한 번도 선생님의 병상 곁에 서 보지 못한 채 이렇게 허망하게 선생님의 부음에 접하니 어이없고 분합니다. 저의 게으름과 무심함이 밉습니다. 선생님은 『수필문학』의 추천으로 문단에 나오신 책무를 다하시려고 수필문학추천작가회 초대회장을 맡으셨고 부족한 제가 부회장을 맡아 선생님을 보필하는 광영을 누렸지요. 그 회의 기틀을 잡아 놓으시고는 임기가 끝나자마자 재임을 극구 사양하시며 홀연히 모임에서 뵙기 힘들게 되었습니다. 편하게 일하라는 배려이신 줄 알지만 마음은 편치 않았습니다. 그러던 차에 오창익 교수님께서 창작수필을 창간하시자 선생님께서는 실로 혼신의 힘을 다해 도우셨습니다. 그때 선생님의 활동을 보면서 수필문학에 더 이상 힘을 기울이시라고 말씀 드릴 생각이 없어졌습니다. 그것은 마치 오 교수님을 덜 도와드리라는 얘기 같아서였습니다. 이래저래 저는 선생님의 후임으로 수필문학추천작가회 2대 회장직을 무난하게 끝내고 지금껏 친정이기에 열심히 봉사 하려 하고 있습니다.

사람의 인연이라는 것은 참 이상한 것인가 봅니다. 선생님의 뒤를 따라 일을 하면서 한 번 더 회장으로 모시지 못했던 것이 못내 아쉽고 마치 제가 그 자리를 탐이라도 낸 것 같아 보일 까봐 마음이 쓰였습니다. 그랬는데 이게 또 웬일입니까? 창작수필 문인회의 회장으로 봉사하시던 선생님의 뒷자리를 또 제가 맡게 된 것입니다. 저는 그때 상황을 다 알고 있지는 못하지만 확실한 것은 선생님이 꼭 떠나려 하신 것이 아니라 회를 위한 순환을 정착시켜야 한다는 회원들의 생각 때문에 제가 갑자기

불려 나간 것입니다. 그렇다고 해서 볼썽사나운 불협화음이 있었던 것은 아니지만 저는 참 세상사가 묘하다는 생각을 할 수밖에 없었습니다. 어쩌면 고역이 제 팔자에 있었던가 봅니다. 선생님은 후배와 수필을 남달리 사랑하셨습니다. 흔연히 자리를 물려주시고서도 창작수필을 위한 봉사를 계속해 주셨습니다. 사모님의 병환으로 원주에 눌러 계시게 되고서도 얼마나 창작수필 회원들을 사랑하시고 아껴 주셨던가는 그때 회원들이 가슴으로 기억하고 있습니다. 방그라니 계곡에서의 『창작수필』 여름 세미나를 준비하시던 선생님의 모습은 경건하기 까지 해 보였으니까요.

큰 오라버님 같으셨던 선생님, 제가 아들이 대학, 그것도 제 모교에 들어 갈 때 합격통지를 받던 날의 감회를 졸작으로 한 편 써서 문학사에 보내 놓고 선생님을 만난 날 보여 드리면서 으쓱 했지요. 다 읽으시더니 이것은 서랍 속에 잘 두었다가 오 선생이 농필의 경지에 들어간 먼 훗날 꺼내보고 다시 써 봐 감동만 살려서 말이야, 하시는 것이었습니다. 이미 원고 보냈다고 했더니 당장 회수하라며 무서운 얼굴로 변하셨습니다. 그날 입을 내밀고 그 말씀을 듣지 않은 것을 제가 수필이 무엇인지 알아가면서 얼마나 뜨겁게 후회 했는지는 아무도 모릅니다. 이제 누가 있어 그렇게 사랑으로 소신껏 후배에게 쓴 말을 해 주시겠습니까?

선생님, 고통에서 헤어나셔서 하늘나라 예수님 보좌 앞에 앉아 계실 선생님, 부디 이 나라 통일을 위한 뒷 기도에 열심을 내주시기를 바랍니다. 고향하늘 같은 것쯤이야 이제 마음껏 내려다보실 터이니 이제 그 하늘에서 슬픔과 죄악이 사라지게 해 주시라고 기도 하고 계시겠지요? 안녕히 계십시오.

(2009. 8.)

6

봄비는 희망을 싣고

나를 생각 하세요

사람은 누구나 자기를 기억해 주기를 바란다. 거기서 한 발 더 나아가서 자기만을 생각해 주기를 원하는 것이 사랑이 아닐는지. 원하는 것은 똑같은데 자기를 생각나게 하는 기술은 저마다 다르다. 이 방면에 재능이 있는 사람이 자신이 원하는 사람으로 하여금 자기만을 생각하도록 붙잡아 매는데 성공하는 것이리라. 상대방에게 자기 존재를 확인 시키고 기억 속에 살아 움직이게 하는 일은 가만히 앉아서 저절로 이루어지지 않는다. 자기를 생각나게 하는 기회를 제공해야 한다. 뇌리에 콱 박히는 기막힌 한 마디의 말이나, 시야를 떠나지 않을 인상적인 행동이나, 감동적인 몸짓, 마음씨 등등 어느 것이라도 좋으나 요점은 상대방의 머리와 가슴에 항상 고여 있어야 한다는 것이다.

"할머니, 설거지 할 때 이것 입고하세요, 앞치

마에요, 내가 만들었어요, 한주에요, 나를 생각하세요." 일곱 살짜리 손녀가 두터운 비닐로 앞치마를 만들어 반짝 무늬로 예쁘게 장식을 하고 거기에 이렇게 써서 가져왔다. 귀엽고 기특해서 꼬옥 안아 주고는 앞치마를 두르고 개수대 앞에 섰다. 그러는 할미를 보며 손녀는 한껏 흡족한 미소를 짓고 있다. 설거지를 하는 동안 웃음이 입 꼬리에 매달려 떠나지 않는다. 옷 앞자락을 언제나 흠뻑 적셔서 윗옷을 갈아입곤 했는데 물방울이 비닐에서 도로록 굴러 내려가니 발아래만 훔쳐내면 된다. 물이 많이 튀겨 올까봐 조심하지 않아도 되니 설거지가 오히려 즐겁기 까지 하다. 부엌에 올 때마다 생각하겠다며 볼을 부비는 할미의 목을 꼭 끌어안은 손녀의 따스한 손이 보드랍다. 정말 그렇게 좋으냐, 정말 나를 잊지 않고 매일 생각할거냐를 주문 외듯 확인 하고 또 한다.

새벽에 부엌에 나와도 을씨년스럽지가 않다. 손녀의 사랑 앞치마가 영접해 주어서이다. 손자 손녀 생각이 항상 마음을 사로잡고 있긴 해도 앞치마를 보면 손녀 생각이 안 떠오를 수가 없다. 앞치마를 걸치면서 앙증맞은 편지를 읽는 기분 또한 말로 설명하기 힘들다. 어떤 연애편지가 이보다 달콤할까? "나를 생각 하세요"라는 여섯 글자가 이렇게 가슴을 후벼 놓을 수가 있단 말인가? 그렇다, 사랑은 혼사 하는 것이 아니라 둘이 서로 하는 것이기에 사랑 받기 위해서는 자신이 어떤 씨앗을 뿌려야 되는데 우리 손녀는 앞치마에 여섯 글자를 적어 보냄으로서 할미 마음을 꽉 붙잡는 씨앗을 잘 심어 놓은 것이다.

중전마마가 후궁을 잡아다가 다스리기 전에 상감의 마음에 자신을 생각나게 하는 씨앗을 먼저 심었어야 하는 것이었다는 생각이 스치고 지나

간다. 우리 옛 사람들은 여인이 적극적인 사랑의 표시를 하는 것은 상스럽다고 생각했고 특히 양반가 아낙에게는 금기로 교육될 정도였다. 사람은 옛날이나 지금이나 같을진대 근엄하기만 한 아내에게 매력을 느끼기는 어렵지 않았을까? 그런 남정네들에게 기방의 여인이나 첩실들이 마음껏 애정표현을 해 왔을 때 목석이 아닌 이상 어찌 흔들리지 않을 수 있을까? 법도에 얽매인 중전마마가 어지간한 실력이 아니고서는 상감마마의 마음에 자신을 각인시키기 어려울 수밖에 없다. 자는 시간에도 상궁 내시들이 지키고 있으니 심장 약한 사람은 잠도 제대로 안 올 지경인데 어떻게 상감의 마음에 씨앗을 심을 수 있었겠는가?

나를 생각 하세요, 내 마음에 씨앗 하나 잘 심은 저 아이 가슴에 과연 나를 생각해 달라는 고운 씨앗을 나는 심었을까? 자신이 없다. 손녀가 할미를 생각해 낼 수밖에 없는 묘수의 씨앗을 부지런히 심어야 한다. 그것이 무엇일까? 누군가의 가슴에 그런 씨앗을 심어 본 적이 없을 이 무능한 아낙에게 그런 재주가 있을 리 없다. 아무리 생각해 봐도 이럴 때는 양가집 규수에서 양반 댁 며느리로 살아 온 세월이 훈장만은 아닌 것 같다. 요염하거나 교태 까지는 아니더라도 상대방을 생각해 가며 사는 것이 필요한 덕목임은 가르치고 볼 일이다. 자연스럽게 나를 생각하라고 말 할 수 있을 정도 까지는 말이다. 그래도 한 눈 팔지 않고 한 평생 이렇게 재주 없는 여인의 옆을 지켜 주고 있으니 남편이 사대부임에는 틀림이 없나보다. 손녀에게는 그 아이가 좋아 하는 선물 공세를 인상적으로 하는 연구를 해야겠다. 남편에게도 남은 세월이 나마 감동을 받을 만큼의 서비스를 해야겠는데 정성들여 끓이는 된장찌개 한 그릇이면 족할지도 모른다.

(2009. 5.)

선견지명 있으시군요

아직도 은평에 사십니까?

오랜만에 만나는 지인들이 어김없이 하는 한 마디다. 그도 그럴 것이 꽤는 나다니는 품새로 보아 재테크 같은데도 발이 빠를 것 같아 보이는데 40년 세월을 한 곳에, 그것도 땅값 싸고 안 오르기로 둘째가라면 서러울 서울 서북쪽 끝을 지키고 있으니 한심해 보이는 눈치들이다. 참 오래 사시네요. 라는 덕담으로 마무리를 하는 것이 보통이지만 좀 친하다고 생각하는 사람은 왜 그렇게 미련스럽게 세월을 허송했느냐는 질책으로 재테크 낙제생을 동정한다. 정말 세월을 허송한 것이 맞을까? 살다가 우연히 집값이 올라 주면 나쁠 것까지야 없겠지만 이사를 수없이 다니면서 재산을 불린다면 그 일로 해서 잃는 허실은 어디서 보상받을 수 있을까? 아직도 이런 알량한 생각에 무게를 두고 있는 맹추는 오늘도 무악재 고개를 넘어 북한산을 마주보며 회색빛 먼지를 씻어낸다.

어머니는 서울 태생은 아니지만 서울에서 여학교를 다니고 내가 4살 될 때부터 서울에서 살았기에 옛날의 좁았던 서울만 서울로 생각하던 그런 분이었다. 사람들이 문안에 간다고 표현하던 그때쯤에도 그 문안에서만 살았다. 게다가 영천 고개 넘는 곳에서 부터는 내게 가지 말라는 엄명을 내렸다. 이유인즉슨 미군들의 군용차가 많이 다녀서 위험하다는 것이었다. 대형차가 적던 시절에 군용 트럭이 무섭기도 했지만 실은 아버지가 납북되어 끌려가다가 혹시 변을 당하지 않았을까 싶어 9.28 수복 후 시체를 찾으러 다니던 곳 지금의 통일로 길을 따라 문산에 이르는 그 곳에 딸을 보내기 싫었던 것이다.

유난히 싫어하면 꼭 그것으로 해서 큰 코를 다치는 게 인생사 아니던가? 키 작은 남자는 절대 안 된다던 처녀가 웨딩드레스에 하이힐을 받쳐 신을 수 없을 정도로 키 작은 신랑을 만나는 경우를 꽤 많이 보아왔다. 우리 어머니가 딱 그 격이 된 것이다. 딸 하나 있는 것이, 다니지도 말라던 그 서북쪽 동네로 시집을 가더니 아예 평생을 거기서 늙어가고 있으니 기가 막힐 노릇이다. 그러기에 남들처럼 오래 오래 살 것이지 시집도 보내기 전에 급하게도 하늘 길을 떴더란 말인가? 그 일이야 하늘이 하는 일이지 사람이 마음대로 할 수 있는 일이 아니어서 이러쿵저러쿵 할 수는 없지만 가슴이 아파서 해 보는 소리다.

지금은 달라졌지만 처음 기자촌에 신혼살림을 차렸던 1970년에는 무악재를 넘어서기만 하면 버스 차창으로 스며드는 바람 내음이 산뜻해졌다. 무심히 눈을 감고 앉아 있다가도 싱그럽게 느껴지는 코끝의 감촉 때문에 눈이 저절로 떠지곤 했다. 이제는 그런 이야기가 먼 옛날 얘기로 들릴 정도로 이곳도 오염 되었다고는 하나 아직도 박석고개를 넘어서면 바람 끝이 조금은 다르다. 이렇게 복 받은 동네에서 평생을 살았으니 큰 복을 받은 셈이다. 타향도 정들면 고향이라고 했듯이 언젠가부터 영천쯤 오면 집에 다 왔구나 싶어 안도의 한숨이 쉬어졌다.

지방에 갔다가 귀경할 때면, 아무리 좋은 곳을 다녀오는 길이라도 한강 다리를 건너는 그 다리 위에서 아아 집에 다 왔구나 하는 안도의 숨이 쉬어지곤 했다. 아마도 1.4 후퇴 후 환도 하지 못하고 피난 갔던 그 곳에서 10년을 사는 동안 서울 하늘을 못내 그리워하던 버릇이 있어 그런 생각이 드는지도 모르겠다. 강남이 아무리 좋다고들 해도 여전히 서울 도심은 아직도 종로, 명동, 광화문인 것이 내 머릿속이다. 사람이 다 살기 마련인 것이 바로 이런 것이 아닐는지 모르겠다. 강남 쪽에 목을 늘이고 앉아서 신세 한탄만 하거나 그때 옮겼어야 한다는 후회에 잡혀 산다면 얼마나 낭비적이고 소모적인 시간들을 보내고 있겠는가?

은평은 경관이 좋은 자연의 선물 뿐 아니라 좋은 학교가 많아서 사람들이 아이들 교육 때문에 이사 들어오는 곳이었나. 좋은 교육 환경에서 아이들을 마음 놓고 길러서 어엿한 사회인으로 제 갈 길들을 가게 해 놓았으니 은평 땅에 감사한다. 남편의 직장이 중학동이라 가깝고 교통이 편해서 더 길게 눌러 앉았다. 술 좋아하는 사람이 술에 취한 상태로 한강 다리를 건너다니게 하는 것이 마음 에 걸렸다는 것이 또 하나 이유이거도 하다. 하지만 무엇보다도 북한산 정기가 은연중에 발목을 잡아주었다고 생각한다.

은평은 사람들의 마음이 여유롭고 따뜻하다. 동네 이름도 얼마나 운치가 있는가 말이다. 은혜롭고 평화로운 땅 은평, 이런 곳이 서울의 서북쪽 끝이어서 통일의 관문이 되고 있는 것은 우연한 일이 아니라는 생각이 들기도 한다. 집집마다 한 두 그루씩은 나무가 있던 마을, 라일락, 목련, 등 관상목에다 감나무, 대추나무 등 유실수들이 마당에 버티고 서 동네를 푸르게 뒤덮어 시원하게 살 수 있었던 마을이 연립주택이라는 불청객에게 자리를 내주고 녹음이 쫓겨나는 마을로 변해갔다. 이제 옛날을 생각하면 더 이상 머물러 있어야 할 이유가 없어져 버린 것 같다. 하지만 다른 곳은 더 삭막하게 변해 버렸으니 그래도 위로 삼고 살아야 할 수 밖에.

이왕 살 바에야 마을을 다시 살리는 노력을 해야 할 일이다. 아직 희망이 있다. 재개발과 재건축을 어차피 할 바에야 대단위로 해서 동네가 조각나는 것을 더 이상 방치하지 말고 넓은 공간을 확보해서 공원 등을 만들어 그야말로 녹색 마을을 만들어 우리도 살고 지구도 살리는 일석이조의 효과를 노려 볼만한 것이다. 한국 전체에서도 몇 손가락 안에 들 정도의 시설 좋고 전통 있는 유치원도 있고, 명성 있는 고등학교도 많은 이곳은 사람들이 이사 오고 싶어 하는 동네로 다시 변모 할 것이다.

손녀가 유치원 가방을 내 무릎에 던져 놓고 손을 씻으러 들어간다. 내 아들 딸이 다니던 유치원이라 마크만 봐도 반갑다. 대를 물려 좋은 유치원을 보낼 수 있는 행운에 감사한다. 이제 오랜 친구가 되어 버린 이 원장은 정말 은평의 보배 가운데 하나라고 생각한다. 교육열과 아이들 사랑 일념으로 아낌없이 교재비 등을 쓰는 그 분 덕택에 우리 아이들이 질 높은 유아교육을 받고 있건만 사람들은 잘 모른다. 그래도 그 분은 묵묵히 아이들에게 사랑과 정열 그리고 비용까지도 마음껏 쏟아 붓는다.

이렇게 계산에 둔한 사람들이 이웃에 있어서 좋다. 아직도 은평에 사십니까? 정말 선견지명이 있으시군요. 부럽습니다. 이사 가고 싶은데 집이 나오지 않더라고요. 언제 일지는 모르지만 머지않은 장래에 나는 선견지명이 있는 사람으로 부러움의 대상이 될 것이다. 확실하게.

(2009. 8.)

이효석 문학관

- 초록이 전혀 그 자취를 감추어 버린, 꿈을 잃은 헌칠한 뜰 복판에 서서 꿈의 껍질인 낙엽을 태우면서 오로지 생활의 상념에 잠기는 것이다. 가난한 벌거숭이의 뜰은 벌써 꿈을 메우기에는 적당하지 않은 탓일까? 화려한 초록의 기억은 참으로 멀리 까마득하게 사라져 버렸다.-

효석의 꿈을 준비하기 위해 나무들이 잎새를 틔워내느라 애쓰는 이른 봄날 그를 찾아 나선다. 메밀꽃 필 무렵으로 기억되는 작가이지만 국어 시간에 우리는 정원 뜰에서 낙엽을 태우며 인생을 풀어내는 효석을 처음 만났다. 아직 꽃도 피지 않고 잎 새 또한 순도 내지 않았건만 산야의 모든 나무들이 온통 몸을 흔들고 있는 것처럼 느껴지는 것은 웬일일까? 아마도 가슴속에서 봄이 터져 나오고 싶은 모양이다.

봉평에 접어드니 메밀꽃이 하얗게 앞을 가릴 것 같아 두리번거린다. 지금은 가을이 아니라고 타이르며 걸음을 옮긴다. 꽃 대신 묵 한 접시로 아쉬움을 달랜 후 물레방앗간을 향해 걷는다. 밭 가운데 물레방앗간이 서 있긴 한데 동네 모양이 그때와는 다를 것 같아 좀 생소해 보이기도 한다. 그래도 그 안을 들여다보며 흘리는 미소에는 나도 모르게 장난기가 묻어나오는 것 같다.

빈 밭을 지나 언덕을 오른다. 숨이 좀 차지만 효석의 체취가 배어 있을 것 같은 갈색 벽돌집을 향해 걸음을 옮긴다. 동네 어귀에 충주 댁의 주막 자리가 있고 허 생원과 동이의 발자국이 배어 있는 것 같은 마을 전체가 이미 효석의 문학관이지만 그래도 저 집에 가면 작가 이효석이 기다리고 있을 것만 같다. 언덕에 올라 들어서니 그의 문학세계가 정리되어 펼쳐지면서 나그네를 반긴다. 25,829평방미터의 부지위에 연건평 893.56평방미터의 2층 벽돌집으로 세워진 문학관은 효석의 일대기와 작품세계 등을 한 눈에 볼 수 있도록 잘 꾸며져 있다.

1907년 2월 23일 강원도 평창군 진부면 하진부리에서 태어났으니 1세기 전 일이다. 그 100년 동안 우리가 겪은 변화가 상상을 넘는 일이겠지만 그중에서 문학의 발전도 뒤에 서라면 서러운 정도는 될 성싶다.

아버지 이 시후는 한성사범하교 출신이었으니 그 시절로는 아주 소수인 인텔리 가정에서 자랐다. 1남 3녀 중 장남이니 외아들이다. 14살(1920년)에 경성 제일 고등 보통 학교에 입학한 효석은 성적이 우수해서 1년 선배인 유진오와 더불어 꼬마수재의 애칭을 받게 되었다. 이 두 사람은 공부만 잘 한 것이 아니라 문학에도 두각을 나타내기 시작했다. 현민 유진오는 시를, 효석은 산문을 자주 써서 투고하고 발표하는 일을 쉬지 않았다.

경성제국대학 예과에 입학한 후에도 교지, 동인지 등에 작품을 발표하면서 문학의 길을 걸었다. 예과를 거쳐 법문학부 영문과에 진학한 후에는 본격적으로 작품 활동을 시작 하여 조선 자광에 도시의 유령을 발표하였다. 경성 제국 대학 법문학부 영문학과를 졸업(2회)한 후에는 조선일보에 「서점에 비친 도시의 일 면상」을 발표 하였다.(1930년)

총독부 취직, 주위의 지탄, 퇴직 후 낙향 경성농업학교 영어교사로 전직, 또 평양 숭실학교로의 전직 등 일대기가 문학 활동과 함께 정리 소개 되어있는 방안을 거쳐 나오면서 시대의 아픔에 연민의 정을 느낀다.

「메밀꽃 필 무렵」을 나이 서른에 쓴다. 그 무렵 수필 「내가 꾸미는 여인」을 써서 모두 조광에 발표한다. 결혼도 하고 자녀도 낳아 기르면서 행복한 생활을 하는 편이었는데 서른다섯 (1941년)살에 갑자기 상처를 하면서 휘청거리기 시작한다. 수필 「사온사상」 「채롱」 「'청포도의 사상」 등을 계속 발표하던 중 상처한 이듬해인 1942년 5월 3일에 와병. 악화되어 사흘 후인 5월 6일에 도립병원에 입원하게 된다. 열흘이 되어도 차도는 고사하고 회생불능상태가 되어 퇴원하고 5월 25일 오후 7시 30분에 이승을 떠났다. 위급하다는 연락을 받고 급히 달려온 현민도 기다려주지 못하고 저승길을 떠났다. 나이 서른여섯, 생떼 같은 아들의 유골을 향리에 손수 묻은 아버지의 마음이 어떠했을까? 이제 그 무덤조차 우여곡절 끝에 고향을 떠났다 하니 가슴 한 쪽이 시리다.

눈가가 촉촉해진 나그네의 마음을 헤아렸는지 분위기가 바뀐다. 효석의 생전 모습을 떠올려 볼 수 있는 그의 방들과 집기 비품들이 시야에 들어온다. 집필실 앞에 서니 축음기에서는 모차르트가 흘러나오고 효석이 갓 볶아 빻아서 들고 부지런히 전차를 타고 가져온 커피 내음이 옷깃에 흠뻑 스며들 것 같다. 환상속의 커피 한잔을 음미하며 그의 책상에서 원고를 읽는다. 낙엽 타는 냄새 같이 좋은 것이 있을까? 잘 익은 개암 냄새가 난다.

저 책상 앞에서 궁싯거리며 그 좋은 작품들을 써내었으려니 생각하니 나도 한 번 앉아서 써 보았으면 좋을 것 같은 욕심이 생긴다. 마을이 내려다보이는 높은 곳에 문학관을 앉힌 뜻을 알 것 같다. 한 눈에 다 내려다보이니 효석이 흐뭇할 것 같아서 이다. 별실에 붙은 판매장에서 메밀가루 한 봉지를 사들고 나온다. 이 고장의 메밀로 하여 효석은 명작을 남겼고 효석으로 하여 이 고장의 메밀이 대표 상품이 되었다. 죽은 효석이 이 고장의 살아 있는 사람들의 생활을 돕고 있지 않은가? 갑자기 그의 궁핍했던 시절의 애환이 떠올라 나그네의 눈가가 또 젖어온다. 문학관을 나가 한 모롱이 돌아 들어가면 생가 자리가 있으니 이 마을 전체가 효석 문학관이다.

"목욕물 속에 전신을 깊숙이 잠글 때 바로 천국에 있는 듯한 느낌이 난다."는 효석을 뒤로 하고 나도 천국을 향해 발길을 돌린다. 나른한 봄날 오후 햇살은 뿌옇고 저 아래 흥정계곡의 물소리가 경쾌한 행진곡처럼 발걸음을 가볍게 한다.

(2009. 4.)

얼음감 한 입

입 안 가득 고인 묘한 맛이 사르르 눈을 감긴다. 꿀처럼 단 것도 아니고 그렇다고 밋밋하지도 않고 혀에 착 붙는 달콤함을 잘 표현하기 힘들다. 시원하게 목 줄을 타고 넘는 기분 또한 일품이다. 청량음료의 톡 쏘는 맛하고는 아예 비교가 안 된다. 수저로 떠먹는 농도가 아이스크림과 비슷해도 그 맛은 아주 다르다. 붉은 주황색, 빛깔조차 마음에 든다. 이래서 부모님을 위해 품어가고 싶다 했던가 보다 과일 한 개로 이만큼 행복해 보기도 드문 일이다. 적당히 녹은 홍시 복판에 깊숙이 차수저를 꽂는다.

지난 가을 토지문학제에 갔다가 하동 평사리에서 사 온 대봉시가 냉동실에 모셔져 있다가 조금 전에 몸을 녹이고 이 아낙의 혀를 사로잡고 있는 것이다. 박경리의 대하소설 『토지』로 해서 탄생된 최참판댁은 마치 고적을 복원이라도 한 것처럼 우람하게 올라서 마을을 한 눈에 내려다보고 있다.

가상공간인 줄 번연히 알면서도 허위단심 숨을 고르며 올라간다. 사람은 참 이상한 것이어서 만들어졌다 해도 일단 형체가 있으면 호기심이 발동하나 보다. 이런 심리를 잘 알고 이곳 사람들은 토지의 무대를 만들어 놓고 성공했다 할 수 있다. 정말 옛날에 살았던 최참판댁의 숨결이라도 느낄 수 있을 듯싶게 들떠 걸어간다. 동네 초입을 조금 지나 발길이 멈추어 선다. 온 시야를 덮을 듯 애기 머리만한 감들이 주렁주렁 붉은 잔치를 벌이고 있지 않은가.

"아 감이다."

외마디 소리처럼 반가움을 토해내며 아래를 보니 감들이 수북수북 쌓여있다. 상머슴 밥사발만큼 씩 한 홍시가 지천으로 놓여 있으니 오히려 이상한 생각이 든다. 플라스틱 상자에 두세 개 씩 담겨 비싼 가격표를 붙이고 도도하게 올라앉아 백화점 과일 전을 화사하게 해 주던 그 감과 다른 것 같아 보이기까지 한다.

과문한 탓으로 이 감의 이름이 대봉이라는 것도 처음 배운다. 본래는 감을 좋아하는데 변비 때문에 일부러 멀리한 데 다나 값이 워낙 비싸서 요즘은 잘 거들떠보지 않았다. 감이라면 고산시가 유명하고 곶감 또한 그런 듯해서 다른 고장 것은 더더욱 안중에 없었다. 고정관념이라는 것이 이렇게 우스운 것이구나 싶다. 최참판댁이고, 토지문학제 개회식이고 다 잊은 채 그 앞에 주저앉는다. 불문곡직하고 감 하나를 사들고 우선 한 입 베어 문다. 입에 착 붙는 질감이 부드럽고 달콤한 맛이 일품이다.

어릴 때 먹었던 남양수시 라는 감과 모양은 똑 같은데 질감은 다르다. 남양수시는 감 속이 끈적임이 적고 물이 많아 마치 달디 단 미음처럼 후루룩 넘어갔다. 지금 이 대봉시는 옛날에 들었던 떡감 같은 질감인데 맛은 남양수시와 같이 묘하게 달착지근하다.

사고 싶은데 가져갈 수 없어 속상하다는 푸념이 채 끝나기도 전에 택배로 부쳐 준단다. 선뜻 한 상자를 사고 주소와 전화번호를 적어주고 잘 떨어지지 않는 발걸음을 옮긴다. 감을 한 개만 더 먹으면 소원이 없을 듯한 심정이다. 단숨에 그 큰 것을 먹어치웠더니 슬슬 배도 불러오고 변비 걱정도 좀 된다. 게다가 퍼뜩 문학제 생각이 나서 마음이 급해져 아쉬운 발걸음을 옮긴다.

최참판댁에 오르니 행사는 이미 시작 되었다. 새벽부터 길을 재촉해서 천리 길을 달려와 놓고 감 먹느라 늦었으니 참 한심한 사람이다. 식이 끝나고 어스름이 깊어 아주 어두워진다. 감 자랑을 듣던 문우가 자기도 주문하게 전화번호를 알려 달라 한다. 그런 거 모른다니까 참 웃기는 사람이라며 멀거니 쳐다본다. 안 보내주면 어디다 하소연 하려고 연락처도 안 적었느냐는 지적이다. 듣고 보니 그럴듯한 말이나 고개를 가로 젓는다. 괜찮다고, 그럴 일 없다고 장담하는 나를 걱정스럽게 쳐다본다.

정말 웬일인지 전혀 걱정되지 않는다. 그만한 감을 농사지은 사람이라면 자신의 감을 서둘러 보내 줄 테니 염려할 필요가 없다. 혹시 안 보내면 아까 비싼 감하나 먹었다 치면 될 것 아닌가? 크고 넉넉한 감 하나가 하동의 인심을 대신 설명하고 있는 것이다. 하동이라면 재첩국을 생각하고 차만을 생각했는데 이제 감까지 더했으니 가히 3관왕이 된 셈이다.

보름쯤 지나서야 감은 배달되었으나 그동안 조금도 조바심치지 않았다. 워낙 느긋한 데다 바쁘기도 했지만 꼭 보내주리라는 확신이 흔들리지 않았다. 어째 그랬는지 이유는 잘 모르겠다. 심리분석을 해보지도 않았다. 그날 것과 똑같은 감이 도착했고 절반은 밖에 두고 절반은 냉동실로 들여보냈다. 밖에 남겨 둔 것은 겨우내 사금니 아끼듯 조금씩 먹고 절반은 한여름 더운 날 이렇게도 사람을 행복하게 해 주고 있는 것이다.

하동, 섬진강 동쪽이라 하동이라 했다던가? 화개장터로 동서를 아우르고 조영남의 노래에 실려 신명나게 온 나라에 몸을 드러낸 곳, 신라 때부터 차를 심었고 『동다송』의 저자 초의선사가 칭송을 아끼지 않는 화개차가 자라는 곳이기도 하다.

가을이면 어김없이 하동에 가리라. 계란 속껍질 닮은 대봉시의 야드르르한 감촉을 혀끝에 적시며 감 빛깔 닮은 칠불암의 난풍도 눈이 지치도록 담아 오리라. 재첩국 한 모금으로 새벽을 열고 따끈한 화개차 한 잔으로 달밤을 만끽하리라. 서걱이듯 차가운 대봉시 속살이 입에서 녹아나니 등줄기를 타고 내리던 땀발이 뚝 그쳤다. 세상살이도 이렇게 시원한 꼴 좀 보았으면 좋겠다.

(2004. 6.)

도시아이의 호사

입추가 지나니 아침저녁 시원한 바람 한 줄기 불어온다. 절후는 정말 신기할 정도로 날씨의 변화를 전한다. 특히 입추와 입춘은 유난히 바뀌는 계절의 섭리를 실감케 한다. 더위와 추위의 기세가 꺾이는 신호탄을 감지 할 수 있기 때문인 것 같다.

이제 여름내 흘린 땀방울의 결실을 담아낼 바구니를 꺼내 쌓아놓게 될 농촌의 일손은 한층 더 바빠질 것이다. 아이들은 어른들보다는 여름을 즐겁게 보내는 편이다. 물에도 가고 산에도 가지만 흐르는 개울물에 발을 담그고 맑은 계곡에서 미역 감을 수 있는 행운을 가진 아이들은 그렇게 많지 못하다. 인공적인 소독으로 깨끗해지는 텁텁한 수영장 물이나 잘 가꾸어 놓은 놀이공원에 가서 자연을 벗했다고 착각하며 지내기 일쑤이다.

이런 도시 아이들에 비해 마음 놓고 졸졸거리는 시냇물이나 하늘이 손바닥 만해 보이는 심산유곡의 옹달샘에서 두 손으로 물 한 모금을 마시며 물장구 칠 수 있는 농촌 아이들은 얼마나 행복한가?

이제는 농촌에서도 찾아보기 어렵게 됐지만 밭 가운데 덩그러니 서있는 원두막은 보는 것 만 으로도 도시인에게는 피서가 되던 곳이다. 원두막은 짚으로 지붕이 이어져 있어야 제격이고 사닥다리 같은 계단을 올라 수박 한 통을 쩍 쪼개서 한 입 베물고 밭 끝자락을 따라 넓은 하늘로 시선을 끌어 올리는 맛이 일품이다. 밭에서 갓 따낸 오이를 행주치마나 옷자락에 쓱쓱 문질러 덥석 베어 물던 기억도 원두막의 추억으로 고운 그림엽서로 박제되어있다.

방학이나 주말이면 잠깐씩 외가에 갔을 때 누리던 행운이었다. 도시에서만 자란 나 같은 사람에게는 외가가 도시 근교의 농촌에 있다는 것이 얼마나 큰 축복이었는지 모른다. 주말에 갔을 때 외갓집의 모내기나 김매기 등의 큰일이 있는 날이면 많은 일꾼(놉)들의 밥을 해내느라 푸짐하게 음식 준비를 해서 들에 이고 나가는 것이 얼마나 재미있는 구경거리였는지 모른다. 놉들을 잘 먹여야 농사가 잘 된다며 외할머니는 손 크게 음식을 풍성히 차릴 것을 명령하셨고 생선을 푸짐하게 조리고 끓여내던 풍경이 눈에 선하다. 매콤해서 평소에는 손도 댈 수 없을법한 생선지짐이 어찌 그리도 먹음직하게 맛이 있어 보였던지, 들에 따라 나가 밥을 먹고 싶어 안달을 했지만 그 일은 허락 받지 못했다. 아침저녁 머슴밥그릇을 보면서 공동묘지의 봉분 보다 큰 것 같다는 생각을 하곤 한 것도 열 두어 살 안팎의 기억이다.

하늘이 한껏 높아지고 코스모스 한들거리며 가을이 깊어지면 들녘은 황금물결로 춤추고 외갓집 대청마루는 더 할 수 없이 좋은 조망대가 되어 주었다. 아이들은 누렇게 익어 고개 숙인 벼 사이를 이리저리 뛰어다니고 나면 메뚜기를 줄에 길게 꿰어서 서로 제 것이 많다고 자랑이다. 메뚜기 잡을 재주도 없고 먹는 것조차 내키지 않는지라 이래저래 이방인인 채 불에 굽는 구경만 하고 있었다. 도시 아이가 누릴 수 있는 호사는 그 정도 까지였다.

넓은 마당에서 깨도 털고, 콩도 털고 고추도 곱게 말리고 나면 마당 가득 벼를 널어 말려서 머슴 아저씨가 정미소에 몇 번 드나들고 나면 아래채에 쌀가마니가 그득히 쌓였다. 할머니는 우리 집 쌀을 정성껏 골라 담아 표찰을 붙여 놓고 6남매 자손들 몫을 골고루 챙겨 놓으셨다. 고추, 깨, 콩 등 1년 먹을 잡곡과 양념거리들을 다 담고. 쌀가마니를 구별해 놓으셨다.

기승을 부리던 더위가 한 풀 꺾인 듯 하더니 금세 아침저녁으로는 바람이 서늘하다 못해 옷깃을 여미게 한다. 외할머니도 이승을 떠나셨고 외가도 농촌에 없지만 가을이면 외갓집 대청에 서 있는 기분에 사로잡힐 때가 많다. 그 황금물결을 한참 헤쳐 나가면 원두막이 있는 밭이 있었는데 오늘은 그 원두막에 올라 깊어가는 가을을 내다보고 싶어진다. 한로가 지났으니 이제 서리가 하얗게 내릴 날도 머지않았다.

(2010. 10.)

봄비는 희망을 싣고

두터운 외투가 거추장스러워 목도리만 하나 걸치고 가벼운 차림으로 나왔더니 등이 좀 서늘하다. 봄은 아직 멀리 있나보다. 몸을 움츠리고 걷는데 먼 산이 아른아른한 것 같이 느껴진다. 봄이 그렇게 멀리 있는 것은 아닌가 보다. 남녘에는 동백꽃이 산에 불을 붙였고 매화가 겨우내 준비한 꽃망울을 터뜨리려고 마지막 안간힘을 쓰고 있다. 이제 어느 날 갑자기 꽃샘추위라는 것이 밉지 않은 심술을 부리고 나면 바람 끝이 달라지면서 봄처녀의 치맛자락소리가 들려올 것이다.

우리네 살림살이에도 어김없이 봄 손님이 찾아와서 마음을 설레게 할 것이다. 어제는 간장독에 붙은 고석을 떼어내고 물을 부어 놓았다. 이러다가 2월에 장독 깬다는 속담이 맞아 떨어지는 일이 생기면 어쩌나 하는 걱정이 되기도 했다. 버려진 고석이 마치 황수정 원석 조각을 보는 것처럼 햇빛에 반짝인다. 염분과 잡스러운 것이 한데 뭉쳐 저렇게 엉겨 붙어 밑바닥에 가라앉은 덕택에 감칠맛 나는 간장을 먹을 수 있었다는 생각을 하니 더욱 고와 보인다.

정월 대보름이 지나고 나면 옛사람들은 농사 준비에 들어가고 일 년 양식의 하나인 장 담그기를 준비했다. 어찌 보면 현대를 사는 우리네도 비슷한 것 같다. 첩첩이 닫았던 문들을 열고 쌓인 먼지를 털어내고 장독과 김칫독을 비우고 묵은 나물도 다 나누어 먹고 봄맞이 준비에 바쁘다. 장독과 김칫독이 없으면 냉장고속에 있는 김치그릇이라도 비우고 새 김치 한보시기라도 해먹고 싶어지는 계절이다.

사회라는 바깥의 일터도 예외는 아니다. 1년의 시작은 신년이지만 새봄맞이라는 이름으로 하는 일 들 마다 심기일전하는 계획들을 세우고 실천하게 되는 것이 상례이다. 봄이라는 것이 사람에게 희망의 신호를 보내주는 좋은 영약인 것이다. 이런 좋은 봄의 길목에서 금년만큼 호되게 악재를 만나는 경우도 흔치는 않은 것 같다. 하찮은 명분조차도 없이 그냥 파리 잡듯이 사람을 죽인, 그것도 여자만을 골라서 죽인 범인을 잡고 우리는 제대로 치를 떨 수도 없었다. 사람 탈을 쓴 짐승 앞에서 할 수 있는 말은 "세상에 세상에" 라는 한 마디 뿐이었다.

이일로 정신이 어벙벙할 때 터진 민주노총 간부의 여성 조합원 성폭력 사건은 또 다른 쪽의 뒤통수를 후려친 일이었다. 여성근로자의 근로환경을 개선하기 위해서 노동현장에서의 성폭력을 근절시키겠다는 것이 민주노총의 중요한 정책 중 하나이다. 고양이한테 생선 가게를 맡긴 꼴이라 해야 할지, 믿는 도끼에 발등을 찍혔다 해야 할지 기가 막힐 노릇이다. 도대체 언제까지 여자라는 이유로 특별한 폭행의 대상이 되어야 한단 말인가? 21세기는 여성의 시대라고들 떠드는 것은 여성들만이 아니라 남성들 목소리도 못지않게 큰 것으로 알고 있다. 힘든 일을 함께 해야 할 때 여성에게 선의를 보이고 동참을 요구하고, 거둔 열매를 나누는 일에서는 여전히 여성을 뒷전에 밀어놓는 의식의 개혁이 없이는 어느 것 하나 제대로 자리 잡고 바른 길을 가기 어렵다.

특별한 사건에 왜 전체 남성을 싸잡아 비난하느냐고 불평할지 모르나 그것은 그렇지가 않다. 전반적인 의식의 변화 없이 여성이 마음 놓고 살기 좋은 세상이 오기는 어렵다. 3월이면 우리는 영원한 누나 류관순을 생각하게 된다. 그 자랑스러운 류관순 열사는 언니도 아니고 선생도 아니고 유독 누나로 우리에게 각인되어 있다. 요즘은 호칭이 제대로 열사로 주어져서 앞으로 자라나는 세대들에게는 바르게 인식되어질 것으로 믿어 의심치 않지만 남성 독립투사는 ○○○오빠가 아닌데 류 열사만 누나란 말인가? 여자이기 때문이다. 지난날 우리들 의식의 현주소가 바로 거기라는 점을 일깨움으로서 앞으로는 진정 함께 가는 양성평등의 시대를 만들어가 보자는 얘기가 하고 싶은 것이다.

이 좋은 봄날에 웬 쓸데없는 소리냐는 꾸지람에도 귀를 기울이는 마음으로 이제 그 말은 그만 하겠다. 우리의 3월은 기미 독립선언이라는 민족적 쾌거를 이루어 낸 자랑스러운 달이다. 현대사에 와서도 3.15 부정선거라는 부끄러운 일이 있었으나 곧 바로 마산학생의거로 이어져 4.19 민주혁명을 이끌어내는 도화선이 되지 않았던가? 역경을 이겨내는 거대한 몸짓, 역사를 바꾸는 도도한 물결 그런 공통점을 갖는 3월의 역사들이 아닌가 생각한다. 지금 경제가 어려워 난국이라고 시름이 깊다. 이 봄에 우리는 두 손 걷어붙이고 나서 보자. 봄을 맞는 낭만도 마음껏 누려보고 역사를 바꾸는 큰일도 자신 있게 해내자. 그렇게 어려웠던 시절 우리 선조들이 엄청난 일들을 해왔는데 우리가 이만한 여건에서 발전하지 못한대서야 말이 되지 않는다.

자 두터운 편견의 외투를 벗고 희망 이라는 산뜻한 봄 두루마기를 차려입고 일터로 나가자. 부지런히 달려오는 봄꽃, 봄 손님들을 맞이할 채비도 부산하게 해나가자. 봄맞이를 도와주려고 실낱같은 봄비가 마당을 촉촉이 적시고 있다.

(2008. 1.)

나에게 문학은 무엇인가?

- 나에게 문학은 호흡이다

사람은 누구나 자기가 하고 싶은 일을 하면서 살아가기를 원한다. 즐겁게 살고 행복하기를 바란다. 자신의 일을 통해서 원하는 것을 이루어 내기를 바라며 그러한 결과를 얻기 위해 혼신의 힘을 다 바쳐 죽을 둥 살 둥 살아가고 있는 것이다. 나는 무엇을 위해 달려가고 있는가? 무슨 일을 할 때 가장 열심히 하게 되고 정열을 바치게 되는가? 그것은 문학이다. 좋은 작품을 만났을 때 빠지는 삼매경은 무엇과도 바꾸고 싶지 않다. 그보다도 더 빠져드는 것은 한편의 작품을 빚어내기 위한 고행길이다. 누가 하라고 등을 떠미는 것도 아니고 목을 끌어 강요하는 것도 아니다. 그저 하고 싶어서, 하지 않고는 배길 수 없어서 온밤을 새우기도 하고 머리를 쥐어뜯고 싶을 정도의 처절한 싸움을 벌여 나가기도 한다. 가장 뿌리치기 힘든 유혹, 바로 한편의 글을 쓰라고 하는 명령이다.

문학은 어째서 이렇게 나를 자유케 하지 못하고 끌려 다니게 하는 것일까? 무엇보다도 확실한 나의 성취 수단이기 때문이다. 나의 생각을 말하고 내가 원하는 것을 수많은 사람을 향해 동의하라는 설득을 벌이는 일, 그것이 바로 한편의 작품을 통해 가능하고 그 설득은 매우 훌륭한 나의 성취 수단이 되어 주는 것이다. 문학이라는 방법이 아니고서는 어떻게 내가 그 많은 사람을 만나서 나의 생각을 전할 수 있겠는가 말이다. 문학은 내게 이렇게 훌륭한 성취의 수단이 되어 주고 있다.

살아가는 동안 어떤 일은 직업이라 할지라도 일을 하는 시간 이외에는 그 일로부터 떠나 있게 되고 단절이 될 수도 있다. 의도적으로 그렇게 하고 싶을 때 잠시의 일탈이 가능한 일이다. 그런데 문학은 이러한 자유조차 허락하지 않는다. 애써 일상에서 일탈해 있는 동안, 그 꿀 맛 같은 휴식 자체가 기막힌 글감이 되어 손에 펜을 들게 만들기도 한다. 무심히 길을 가다가 길섶의 돌멩이 하나에서 발상을 일으키기도 하고 엄청난 주제를 정해 가지고 있으면서 마땅한 글감을 찾지 못했을 때 일 할 때나 먹을 때나 모든 촉각이 그 글감 찾기에 총동원되어 있다. 문학은 이렇게 내게 있어 생활 자체이다.

일을 하고 살면서 희로애락을 느끼지만 기쁜 일이 그리 많지는 않다. 하지만 글을 쓴다는 일은 과정은 힘들지만 한편을 빚어냈을 때의, 완성했을 때의 그 기쁨은 이루 말로 다 표현할 수가 없다. 이때보다 더 나를 기쁘게 할 수 있는 것은 그리 흔치 않을 것이다. 문학은 내게 있어 바로 기쁨 그 자체이다. 사람이 살아있다는 것은 숨을 쉬고 있다는 것이다.

숨을 그치면 그것이 죽음이다. 이 호흡은 내게서 잠시 쉬게 할 수도 없고 선택해서 필요할 때만 쉬는 것이 아니라 숙명적으로 내게서 반복되어지는 신체행위이며 바로 축복이다. 문학이 내게 있어서는 바로 이런 호흡이다. 항상 내 곁에 함께 있기 때문이다.

문학은 나를 숨 쉬게 하고 살아있게 하며 호흡이 있는 동안 내 곁을 떠날 수는 없는 일이 될 것이다. 내게 있어 문학은 이런 것들이다. 숨 쉬지 않고는 살 수 없듯이 문학을 떠나서는 살 수 없다. 신체적인 호흡이 계속되는 한 영혼의 호흡이라 할 문학은 내게 있어 신선한 호흡이 되도록 해야 한다. 그것은 내 몫의 일이다. 경쾌한 호흡을 위해 내 오관은 섬광처럼 번득여 주어야 한다.

(2008. 8.)

사랑에 데어 버린 아낙

연못 가득 별들이 내려앉고 사각대는 바람소리가 가을의 깊음을 알려온다. 올해도 어김없이 8도의 군들이 몰려왔다. 별당아씨의 타는 가슴이 되어 울먹이며 최 참판 댁의 솟을대문 문턱을 넘는 아낙도 있고 번득이는 눈빛으로 사랑을 끊어버릴 듯한 김환 장군들도 보인다. 손님을 맞이할 서희의 얼굴에 미소가 담겨질지 차가운 서슬에 가을꽃이 가볍게 떨지 아직은 알 수가 없다. 축제꾼들의 솜씨가 저녁 주안상의 안주 가짓수를 늘이기도 하고 줄이기도 할 것이다.

임이네가 거염스레 부침개를 뜯어먹다가 용이의 처연한 눈길과 마주치자 눈을 하얗게 흘기며 엉덩이를 한껏 실룩거리고 사라진다. 월선은 베개만한 보퉁이를 끌어안고 뜬눈으로 그믐밤을 하얗게 밝히고 있다. 먼동이 트기만 하면 안개처럼 마을을 빠져나가 섬진강에 몸을 맡기리라 다짐하며 새까만 밤을 한 올 한 올 갉아먹듯 앉아있다. 홍이를 딱 한 번만 보고 가면 좋으련만 이를 물고 참기로 했다.

용이가 이미 눈 감겨 주었으니 그것으로 그만이지 무엇을 더 바라랴! 나릿선이 흘러 내려온다. 월선의 하얀 치맛자락이 조그만 깃발 되어 나부끼며 뱃전을 휘감고 배는 잠시 휘청거린다. 길상이 섬진강 모래톱에 발자국을 찍으며 불그레 물든 동녘 하늘을 우러른다. 조금 전 뱃전에 부딪는 듯하던 치마폭 같은 것을 본 듯도 하고 아닌 듯도 하여 고개를 갸웃거린다. 몸을 돌려 보지만 나릿선은 어느새 섬진강 강심으로 그림처럼 떠밀려 내려가고 있다. 치마폭 같은 것은 형체도 찾을 길 없다. 내일 새벽 섬진강가 나릿선의 그림을 한번 그려 본 것이다 8도의 끼가 한데 엉긴 이 축제의 밤에.

나는 무엇이 되어 볼까나? 한참 생각에 잠기다 보니 목숨 건 한 사내의 사랑에 데어버린 별당아씨가 되었으면 좋을 성싶다.

(2006. 10.)

7

평화를 만드는 사람들

_ 재첩, 섬진강, 복 받은 하동

_ 은행잎 밟고

_ 축복

_ 평화를 만드는 사람

_ 찬물

_ 21세기 효자 5총사

재첩, 섬진강, 복 받은 하동

이럴 때 재첩국 한 사발만 있으면 얼마나 좋을까?

북어에 무를 넣고 푹 끓였건만 솜씨가 시원치 않아서 그런지 별로 국물이 시원하지가 않다. 그래도 술독을 좀 풀어야 하니까 약으로 알고 마시라고 한 대접 퍼서 앞에 놓아주고 눈으로 재촉한다. 한 모금 입에 대는 듯 하더니 입이 쓰다며 그릇을 밀어 놓는다. 재첩국 생각이 난다는 내 말에 재첩은 무슨 재첩이냐며 다시 수저를 들어 국물을 훌훌 불어가면서 먹는다. 웬일로 솜씨 타박 않고 먹어 주니 고맙고 맛있게 못해 주어서 미안하다.

섬진강에서 건져 올린 재첩 한 바가지 씻어 넣고 말갛게 끓여내는 맑은 국물은 해장국으로는 그만이다. 1급수에서만 산다는 까다로운 귀족 재첩은 그 작은 몸집으로 하여 더욱 사랑을 받는 것인지도 모른다. 막상 그곳에 갔을 때는 재첩국 맛이 너무 싱겁다고 타박을 하다가도 이런 날 아침이면 눈물 나게 그 담박한 맛이 그리워진다. 무슨 열녀라도 된 듯이 재첩 한 모금 못 마시우게 하는 것이 한스럽기까지 한 마음이 들어 청승이 한창이다.

하동 땅 화개장터, 지천으로 널려있는 재첩국 집을 무심히 지나쳤는데 그곳이 부러운 땅이었던 것이다. 재첩은 굳이 설명 하자면 조개의 일종이다. 아주 작은 조개라 할 수도 있다. 그런데 그 조그만 것이 사람의 오장육부를 마사지 하듯 말끔히 훑어내 준다지 않는가? 해독, 그 어디 말처럼 쉬운 일인가? 사람들은 자유의지로 먹기도 하고 참기도 하게 되어 있어서 독도 마시고 그 해독도 스스로 노력해야 할 수 있는 존재라 한다. 재첩은 담박하면서도 시원한 맛이 어떤 때는 아무 맛도 없는 듯이 느껴지는데 그 맛이 맹물의 무미와 다르다. 다슬기의 맛과는 또 다른 그 맛, 다슬기는 재첩에 비해 그 맛이 혀끝에 남는다. 그로 하여 재첩에 앞자리를 내 주어야 하는 모양이다. 북어의 구수함이 없지만 깔끔한 뒷맛으로 해서 재첩은 그 큰 몸집의 북어를 말없이 제치고 앞으로 가는 것이다.

콩나물 해장국은 시원한 맛은 일품이지만 재첩만큼 속을 어루만져 주지는 못하는 모양이다. 선지 해장국은 또 한자의 해장술을 불러오니 그 또한 뉫전이다. 뼈다귀 해장국은 어쩐지 해독과는 거리가 있을 것 같다. 뭐 성분 분석을 해 보아서가 아니라 기분학상 그렇다는 얘기일 뿐이다. 술을 너무 사랑해서 하루도 마시지 않고는 입에 가시가 돋칠 것 같은 남자하고 한 40년 가까이 살다 보니 해장국에 뭐 좀 말을 보탤 정도는 된 것 같다.

미련해 보일지 몰라도 통북어를 한 마리 통째로 넣고 무를 좀 큼직하게 썰어 넣어 푸욱 끓이는 것이 술독을 다 빼주고 속을 화 풀어줄 것 같은 해장국이라는 생각이 신념처럼 박혀있다. 머릿속에…, 뭐 어릴 때 보아서 그런 것은 아니다. 자랄 때는 해장국 소리도 별로 들어 본 기억이 없다. 10살 때 아버지는 내 곁에서 사라졌고 오빠는 애주가이나 한 집에 살지 않았으니 잘 모를 수 밖에.

술 못 먹는 사람은 깐깐하고 숨이 막힐 것 같아 싫다는 내게 술 잘 먹는 남편은 그 점이 매력이었다. 인간미가 있고, 인간성이 좋고, 유머가 있고… 등등의 술 좋아하는 남자의 장점을 신앙처럼 뇌이고 있던 나는 소원대로 술꾼의 아낙이 되었고 그 객기는 이내 건강, 간, 문화병 등의 낱말에 붙잡히면서 얼마나 나를 곤혹스럽게 했는지 모른다. 간 때문에 입원을 하고 금주는 못해도 절구는 해야 한다는 의사의 충고도 퇴원 후 한 달이 가기 전에 효력이 정지 되는 그런 남자와 살면서 내가 할 수 있는 일이란 해장국을 잘 끓여 대야 하는 일 뿐이었다.

급하면 찢어 놓은 북어를 끓는 물에 넣고 파와 계란을 풀어 국을 만들어 주기도 하지만 그것은 이미 해장국이라 할 수 없다. 콩나물을 한 냄비 가득 담고 푹 끓인 후에 국물만 담아내는 진한 콩나물 국물, 애써 양념을 포기 한 채 국물만을 마시라고 강요하기도 했다. 술꾼이었던 유명 코미디언이 자신의 건강 비결이라며 비장의 해장국을 소개 한 적이 있다. 무를 채 썰어 한 냄비 그득 담고 들기름에 슬쩍 볶다가 물을 붓고 푹 끓여 국물만 마신다는 해장국이다. 그 많은 무 건더기를 혼자 먹다먹다 남아서 할 수 없이 아까워 소리를 연발하며 버리곤 했는데 그분이 득

병하자 선뜻 집어치우고 말았다.

북어와 무와 콩나물을 한데 넣고 끓이면 어쩐지 좋은 해독제가 될 것 같아 요즘도 동해안에 가기만 하면 통북어를 쾌로 사들고 오기 일쑤이다. 북어는 두드려 패야 부드러워지는데 공동주택에 살다보니 아랫집 걱정이 되어 그렇게 할 수가 없다. 그러다보니 포근포근한 북어국을 끓이기는 어렵지만 그냥 통째로 넣고 끓일 수밖에 없다.

재첩이 지천인 하동에 가면 북어의 구수한 맛이 생각나고 재첩이 없는 서울에 앉아서는 앙증맞은 재첩이 눈앞에 아른거려 북어 국물이 더 텁텁하게만 느껴지는 이 심사는 무엇이란 말인가? 재첩, 아무래도 이번 주말에는 섬진강 물길 따라 하동 땅 어디쯤에 차를 세우고 재첩국 두어 사발 들이키고 와야 할 모양이다. 재첩, 섬진강, 이 둘은 서로를 격상 시키고 있다. 그들을 품고 있는 하동은 복 받은 땅 임에 틀림없는 것 같다.

(2008. 8.)

은행잎 밟고

허전하다. 어릴 적 과자 상자에 가득하던 먹을 것 들을 누군가가 듬뿍 꺼내가 버려서 바닥이 보일 것 같이 되었을 때의 심정과 같다고나 할까? 엄마가 처음 여행을 떠난 날 혼자 누워야만 했을 때 빈 요위를 몇 번이나 만져보던 때의 이상한 공허감 같은 것이라고나 할까? 이 야릇한 허무감을 어떻게 설명할지 자신이 없다. 새벽 6시, 전화벨이 울릴 때 수화기를 집어 드는 그 짧은 동안의 시간이 왜 그리도 긴지, 또 생각은 어찌 그렇게도 많던지, 혹시나 하고 스치는 불길한 예감을 애써 도리질을 해가며 쫓아냈지만 귓전을 때리는 소리는 처음의 예감을 적중시키고 있었다.

아버지 지금 가신다는 장조카의 울먹이는 말에 "뭐라고?" 외마디 소리를 지르고 왜. 어떻게, 언제, 두서없는 낱말들을 던지고는 지금 간다며 전화를 끊었다. 찰칵 하는 쇳소리가 채 사라지기도 전에 마치 짐승소리 같은 괴성이 터져 나온다. 심한 구토로 왈칵 밀고 올라오는 토함 같은 통곡이 쏟아져 나왔다. 엄마가 돌아갔을 때는 창자가 끊어지는 것 같으면서 뜨거운 눈물만 샘처럼 흘러넘치고 어깨가 파도처럼 들썩이며 흐느껴질 뿐이었는데 이 격한 풍랑 같은 통곡과 괴성은 나 자신을 놀라게 했다. 호강스러워야 울음도 나온다던 어머니의 푸념이 떠오르며 가슴 밑이 아리다. 그래, 꽤는 호강스러운 모양이다. 통곡을 다 할 수 있으니 말이다.

9순을 넘기셨는데 뭘 그렇게 우느냐? 우리 어머니 돌아갈 때도 그렇게 안 울더니 웬 청승이냐? 남편은 예의 그 속 긁어대기 화살을 쏘아댄다. 그래, 두 경우의 눈물만 색깔이 다른 줄 알았더니 부모, 형제, 시부모, 이 세 경우가 각양각색이다. 달리는 차 안에서 어제 가 뵙지 못 한 미련함을 한탄 하면서 또 울었다. 내게 마지막 남았던 우산이 없어졌다. 뙤약볕을 막아주던 차일이 걷혀졌다. 세파에 휘둘리지 말라고 의연히 버티어 서서 막아주던 방풍림이 사라졌다. 이제 비로소 철저히 혼자가 된 것이다. 퇴직금이 시원찮은 직장인이었던 여동생 내외의 노후 생계가 걱정 되어 먹고 사는 것은 괜찮으냐는 물음을 한 달에 한번 씩은 하던 오라버님이 내 곁을 떠나셨다.

오남매를 두신 오빠에게 나는 딸 못지않은 아픈 손가락이었다. 9살에 아버지의 납북을 겪은 여동생에게 그때부터 오빠는 아버지였다. 학비는 물론이고 어머니와 나의 생활비 까지 온통 책임지는 가장이 된 것이다. 대학 까지 공부를 시켜 주고도 유학을 못 보내준 것을 못내 아쉬워하던 어른이다. 아동이 소녀가 되고 또 처녀로 변해가는 전 과정을 제일 먼저 알렸고 또 발견해 내며 가사 도우미 언니에게 대처를 지시했던 자상한 오빠였다.

우리 집에 장작더미를 잔뜩 쌓아 주고서야 자신의 집에 월동준비를 시작했던 사랑 많은 오빠였다. 신혼의 동생 남편을 데리고 함께 술을 잔뜩 마신 후 카바레에 데리고 가서 여자를 불러다 주며 마음껏 놀라 하던 그런 멋쟁이 괴짜 오빠였다.

아버지 생사를 모르는데 생일상이 다 무어란 말이냐며 생일 없는 사람으로 살았던 오빠, 환갑이 되자 그 무렵에 훌쩍 일본으로 여행을 떠나버렸다. 그런 일들이 너무 아쉬워서 칠순 때는 몰래 고희연을 준비하고 직계가족만 모아 깜짝쇼로 오빠를 모셨던 것이 내가 오라버님께 해드린 유일한 선물이었다. 팔순 때는 여러 가지 사정이 여의치 못해서 그냥 지나갔다. 모든 일이 항상 기회가 있는 것은 아니라는 점을 또 한 번 실감하는 때이기도 했다.

경제학을 전공하고 조선은행(현 한국은행) 조사부를 거쳐 경제학 교수로 평생 학자의 길을 걸었지만 사실 오빠의 재능은 문학에 더 많았고 타고난 소질은 바리톤 성악가의 소양을 지닌 목소리였다. 관료의 외아들로 태어나 아버지의 명예욕과 대리만족의 희생양이 된 면도 없지는 않았다고 할지 모르지만 민족의 질곡이 심했던 20세기 초반에 태어나 나라 없는 백성으로 여러 차례 생사의 고비를 넘으면서 학병도 피했고 징용도 면했고 6.25의 칼날도 비켜간 행운아로 살았다. 손이 귀한 집안에 3남 2녀를 두었으니 조상께 효도도 하고 가셨다.

동경유학 시절 오빠의 히피(?) 사진을 보며 웃고 있다가 생각하니 이제 다시는 마주앉아 얘기해 볼 수 없는 딴 세상 사람이다. 아버지의 단

두 남매가 이제 나하나 혈혈단신으로 남았다. 무슨 정치를 이렇게 한다느냐, 경제는 그렇게 해서 살아나는 게 아니다, 등등 칼날 같은 논박도 더 이상 들을 수 없게 되었다. 사람이 세상에 한 번 왔다가 누구나 죽는 것인데 93세를 일기로 화려한 삶을 살고 간 셈인 것을 뭐 그리 수선이냐고 할지 모르지만 왜 이렇게 허망하고 무엇을 잃어버린 것 같아 멍하니 앉아 있곤 한다. 누군가는 39살도 못살고 가기도 하고, 동경유학은 커녕 동네 서당 구경도 못해본 채 평생을 고생만 하다가는 인생도 많았을텐데 너무 서운해 하는 것도 과욕인 것 같은 생각이 들기도 한다.

노란 은행잎이 카펫을 깔아 놓은 동짓달 초열흘에 오빠는 이틀 앓고 가셨으니 그야말로 "93팔팔 23사(死)의 행운을 누렸다. 한 가지 한이 있다면 기독교에 확실히 귀의하도록 강권하지 못한 내 우유부단함이다. 육신이 한줄기 연기로 사라지는 동안 미숀스쿨인 릿교(立教)대학를 다녔으니 그때 드린 기도로라도 구원해 주시라는 궁색한 기도만 바치고 앉아 있었다. 제발 그리 해 주시기를 바랄 뿐이다.

때로는 내 과도한 욕망을 허욕이라고 책망하면서도 네 고모 무슨 좋은 소식이 없느냐고 아들들에게 물으시던 그 속내를 나는 절반도 모르리라. 이제 저승에서라도 이 못난 동생걱정을 그만 접으시고 편히 쉬시세길 실아야 할텐데 어찌 될지 걱정이다.

하늘을 올려다보니 화장된 유골의 마지막 색깔이 거기 있다. 목울대가 땡겨온다. 모든 것이 타면 재가 되듯이 색깔까지 같을 게 무어란 말인가? 하늘도 오늘 따라 어째서 잿빛인지, 은행나무도 그사이 옷을 온전히 벗어버리고 나신이 되어 서있다. 그래 우리 모두 벗고 떠나는 거다.

(2009. 11. 15.)

축복

반세기, 100년의 절반이니 꽤는 긴 세월이다. 강산이 다섯 번 이나 바뀌는 동안 한 남자와 한 여자가 별 탈 없이 잘 살아왔다면 행복이라는 찬사를 붙일 만하다. 게다가 아들 딸 고루 낳아 잘 길러 놓고 자신들도 자기 분야에서 성취해 낸 것이 많다면 금상첨화라 할 일이다. 오늘 행운의 주인공 부부가 화면을 가득 메우고 하객들은 입이 벙긋이 벌어진 채 50년의 시간여행을 즐기고 있다. 전문가의 매끄러운 말소리대신 며느리의 정감어린 해설이 사진의 내용을 더 가깝게 가슴에 전해 준다. 가족사 보다 두 사람의 활동부분이 훨씬 많은 영상물을 보면서 장내를 가득 메운 각계의 축하객들을 이해하게 된다. 남편은 교육학계의 석학으로 큰 획을 그었고 아내는 여성운동가로 국회의원까지 지냈다면 성공도 하고 봉사도 한 셈이다. 자녀들까지 훌륭한 사회인으로 한 몫들을 단단히 해내고 있으니 금혼식 잔치도 할 만하다는 생각이 든다. 저만큼 다양하게 포부를 펼칠 수 있었다면 얼굴의 주름살쯤 억울하지 않을 것 같기도 하다.

몇 사람의 축사가 이어졌다. 아내의 제자 장박사의 회고담이 잠시 귀를 붙잡는다. 남편이 미국으로 유학을 떠나고 홀로 아이들을 기르며 살 때 이야기다. 어느 날 자기 선생님이 우울한 표정 이어서 물었더니 아침에 남편에게서 전화가 걸려왔노라고 심드렁하게 말하더란다. 전화가 걸려왔으면 반가웠을 텐데 무슨 언짢은 일이라도 생겼나 걱정스러워 연유를 물었다. 남편의 전화 첫마디는 연탄이나 들여놓았느냐는 질문이었고 아내는 실망하여 심기가 불편해진 것이다. 40여 년 전 그 시절은 국제전화 한 번 걸고 받기도 배우 복잡하고 힘들었다. 우선 통화료의 부담이 만만치 않았으니 유학생 처지에 국제전화 한번 하려면 큰 마음을 먹어야 했다. 그 귀한 전화를 걸어서 오랜만에 아내에게 고작 연탄 사 놓았느냐는 말 밖에 할 수 없단 말이냐고 푸념을 하는 김선생님의 순진한 얼굴이 떠올라 웃음이 절로 나왔다. 이들 두 내외를 익히 잘 아는 하객들인지라 좌중은 웃음바다를 이루었다. 만리타국에서 수천리 고국에 대고 연탄걱정을 하는 남편의 사랑은 진정 연단불 닮은 온근한 것이라는 생각이 든다. 우선 정담을 먼저 듣고 싶었을 젊은 아내의 실망도 충분히 이해가 되기에 이야기는 금세 수채화처럼 사람들의 가슴을 곱게 물들여 주었다. 며칠 전 회의를 마치고 저녁식사를 함께 못해서 미안하다며 자리를 뜨던 선생님, 남편을 혼자 밥 먹게 할 수 없다는 것이 서두르는 귀가의 이유였다. 50년의 버팀목이 바로 이런 사소한 것들이었나 보다. 큰 둑이 무너지는 것도 바늘구멍 하나에서 시작되고, 아주 작은 돌멩이 하나가 제자리에 꽂힘으로서 엄청난 성벽도 끄떡없이 서 있는 것이다.

금혼식, 혼인한지 50주년이 되는 해를 기념하는 서양인들의 풍습이다. 우리는 60주년을 기념하여 회혼례라 부른다. 아마 갑이 돌아온다는 회갑처럼 혼인생활이 한 바퀴 돌아왔다는 의미에서 붙여진 이름일 것이다. 부부가 같이 살아있는 것은 필수조건일뿐더러 자녀도 모두 탈 없이 잘 자라주어야 할 수 있는 것이 회혼례 잔치이다. 서양사람들은 25년 단위로 크게 잘라 은혼식(25주년), 금혼식(50주년), 금강석혼식(75주년)으로 부부해로를 마디마디 축하하며 산다. 중간 중간 30주년, 35주년 등등 여러 이름을 붙여 혼인유지를 축하하기도 한다. 몇 해 전 어느 선배의 금혼식에 갔을 때 우리를 다시 금강석혼식에 불러달라는 덕담을 축사로 들으면서 열심히 손가락을 꼽아보던 기억이 난다. 황당한 얘기지만 유머있는 축하라고 생각했는데 요즘은 불가능한 일도 아닐 정도로 장수시대가 되었다.

유명한 시인 ㅁ선생님이 소설가 ㅎ선생님의 은혼식에 가서 너는 어떻게 한 남자하고 25년씩이나 살 수 있느냐고 사뭇 진지하게 물어 좌중을 웃겼다. 평탄치 못한 혼인생활을 일찍이 이혼으로 마감했던 여인, ㅁ선생님으로서는 어쩌면 솔직한 심정을 유머에 담았을 뿐인지도 모른다. 맞다. 생각하기에 따라서는 그 오랜 세월을 맞추며 사느라고 얼마나 수고했느냐는 위로연일 수도 있을 듯싶다. 하지만 오늘의 주인공들 보면서는 그런 객쩍은 생각이 비집고 들어갈 틈이 없음을 부러워한다. 삶의 방식이 비단결 같은 아내에게 먼저 공로를 돌리고 싶은 것은 그 분을 먼저 알고 있어서일 것이다. 서로가 상대를 인정해 주고 높여주는 이부부의 겸손한 태도를 배우고 싶다. 이 분들이 금강석혼을 맞는다면 어떤 모습일까 생각해 본다. 13년밖에 못살아 보았노라며 눈물짓던 어머니가 예외 없이 망막을 흐리게 한다. 전쟁생과부의 통한이니 무엇에 비길 수 있으랴. 시부모님은 회혼례를 치를 수 있었건만 경제적 이유로 잔치를 해드리지 못했다. 대의명분이야 시아버님의 병환 때문이었지만 잔치를 못할 정도의 병세는 아니었다. 못난 자식의 불효가 이런 날이면 새삼 더 부끄러워진다.

아직도 소녀 같은 미소로 답사를 이어가는 김현자 신생님을 쳐다보며 정말 보기 좋다는 소박한 축하가 가슴을 밀고 올라온다. 거의 모두가 혼인을 하고 살지만 행복하게 사는 사람들은 그리 많은 것 같지 않다. 자손들이 순탄하게 살아주는 것은 더 힘든 일인지도 모르겠다. 축복은 바로 이런 경우에 쓰는 말이 아닐까 생각해보며 하늘을 본다. 눈썹 같은 초승달이 걸려있다. 50년, 아무리 생각해도 짧은 세월은 아니다.

(2004. 7.)

평화를 만드는 사람

어느 자리에 끼임으로 해서 그곳을 편안하게 만드는 사람이 있다. 그가 있다는 그 자체만으로 온화한 기운이 그 자리를 감싸는 그런 사람을 우리는 사랑하고 좋아한다. 남보다 아는 것이 적거나 가진 것이 부족하지 않건만 언제나 좀 아둔한 듯 보이게 행동하고 풍족해 보이지 않은 것이 대체로 편안함을 주는 사람들의 특성이 아닌가 싶다. 다른 사람의 말을 경청하고는 아아 그거야? 글쎄 그럴 것 같다. 그럼 그렇게 하면 되겠네, 대충 이런 것이 그런 분들의 태도라 할 수 있다.

내가 모시고 일 했던 여성 지도자 중의 한 분이 바로 이런 편안한 분이었다. 그 S선생님은 언제나 따뜻한 미소를 잃지 않았다. 윗사람에게는 정중하게, 아랫사람에게는 따뜻하게, 그리고 동료에게는 정답게 웃음을 선사하며 맞이하는 특기를 갖고 있는 분이었다. 회의를 하는 중에 의견이 백출하고 목소리가 높아지면 다 듣고 있다가 아주 담담하게 자 이제 가부를 정할 테니 좋으면 '예' 하고 아니면 '아니라' 하시오. 라고 조용히 말하고는 주석 없이 가부만 물어 결정해 버리고는 다음 안건으로 넘어간다. 누가 아니 저~ 하며 토를 달려고 하면 아아 아까 말 다 못 했느냐, 다음엔 아주 낮은 목소리로 말해 보라, 그러면 사람들이 조용해져서 잘 알아들을 거라며 결정 났으니 따라야지요? 하면서 그 특유의 웃음을 보내는 바람에 좌중은 웃음밭이 되어버리고 혈기를 올렸던 사람들이 머쓱해져서 양처럼 순해지곤 했다.

그 당시 S선생님과 같은 단체의 중임을 맡은 임원 한 분은 자신이 옳다거나 그르다고 생각하면 그것만이 정답이어야지 조금이라도 가감된 것은 용납이 안 되는 사람이다. 게다가 자신의 이해와 상관이 되면 목숨이라도 걸 만큼 필사적이고 끈질긴 그런 성격이다. 교양은 이를 악물고 닦아서 둘째가라면 서럽고 매너라는 것 또한 국제무대에서 익혔다는 그런 사람이다.

의전에 틀리는 것은 손톱만한 일이라도 즉석에서 고쳐주어야 하고 회의진행 중에도 발언 한마디, 순서 하나까지 소그만 오자도 그냥 지나치는 법이 없이 즉결재판으로 그때그때 짚고 넘어가는 그런 성미다. 수가 틀리는 일이다 싶으면 양손을 조용히 책상 위 붓글씨 쓰기 정도의 위치에서 살랑살랑 흔들며 아니, 저기 하고 제동을 걸기 시작한다. 못 마땅해도 다 듣고 받아 넘겨주다가 정 화가 나면 S선생님은 자 좋아요, 이제 공부 많이 했으니 학년 좀 올라가 봅시다. 하는 말로 불을 끄곤 했다. 한 번은 이의 제기가 너무 심하고 오래 가는데다가 지난번 결정했던 일을 뒤엎으려 들며 명분을 빌미 삼아 회의를 방해 하니까 여기는 유엔 총회도 아닌데 한 번 정한 일이니 그냥 저냥 갑시다, 자아, 갈 길이 바빠요 어서 갑시다. 하며 무관한 듯 회의를 진행하여 장내를 웃음바다로 만들기도 했다.

평화, 우리가 쉽게 말하는 이 엄청난 낱말 앞에서 나는 옷깃을 여미며 그 어른을 떠올린다. 금년 초 미국의 자녀 곁에서 하늘나라로 가신 S선생님, 바로 그분이야말로 평화를 만들어 내는 작은 거인이다. 생활 속에서도 곳곳에 이런 면이 깊이 스며있다. 유머 또한 일품이던 선생님은 아마 하늘나라에서도 사람들에게 잔잔한 웃음을 선사하기 바쁘실 것이다. S선생님을 그냥 유약하거나 일처리 하고는 담을 쌓은 그저 좋기만 한 분으로 생각했다가는 큰 오산이다. 절차를 따지시는 데는 단호하기 그지없던 선생님이다. 회계결재를 하시면서 어쩌다 올라온 직원의 택시 값 청구서에 '다음엔 좀 일찍 나서요.' 라고 써주어 그 후로는 급하면 자신의 호주머니를 털지언정 택시 값 청구를 못했던 일화도 남길 만큼 근검절약의 모범이기도 한 어른이다.

화평케 하는 사람, 평화의 사람 S선생님, 종이 절단기처럼 정확한 자름만을 위해 항상 준비 자세에 있던 것 같던 또 한 분의 임원 J, 그는 아무래도 평화라는 어휘와는 물과 기름 같은 인상으로 남아 있다. 나는 사람들 보기에 S선생님 부류의 가능성이라도 있는 걸까? 오히려 J쪽에 가까울지 모른다. 오늘 부터라도 더 몸을 낮추어 보리라.

(2007. 5.)

찬물

찬물에 만 밥 한 술을 떠 넣었는데 목이 메인다. 이런 것 이었는데, 그걸 모르고 그렇게도 심술을 부리고 불퉁거렸구나 싶으니 부끄럽고 슬그머니 화까지 난다. 물론 자신의 미련함에 대해서이다. 제가 당해 봐야 아는 것이 사람인가보다. 애써 끓인 국그릇을 밀어 놓으시며 찬물을 달라 해서 맹물에 진지를 말아 드시는 어머님을 보며 서운하다 못해 몹시 속이 상했다. 내 딴에는 성의껏 끓였는데 뭐가 그렇게도 입맛에 안 맞아서 밀어내고 맹물에다 말아 드신난 말인가? 하고 말을 못하니까 입만 대자오치씩 내밀고 지냈다. 그러기를 여러 번 반복하다 못해 한번은 정색을 하고 '어머님 어떻게 입맛에 안 맞으시는지 말씀을 하세요, 실컷 끓였는데 매번 밀어내지만 마시구요. 짜증 섞인 어투를 짐작 하셨으련만 어머님은 멍하게 쳐다보시고는 그냥…. 이라며 힘없이 또 수저를 찬물 밥그릇에 넣으셨다.

국만 보면 무조건 말아놓고 볼 정도로 국을 즐기던 식성이 언제부터인지 국 대신 냉수 한 사발에 밥을 한 술 떠서 말아 먹는 것으로 바뀌었다. 요즘 들어 부쩍 그 정도가 심해지면서 어머님 일을 떠올리게 되었다. 이유 없이 국이 싫어지는 때가 있는 것을, 나이가 들어 몸이 그렇게 되어가는 것을 모르고 타박하는 것으로 오해했던 자신을 발견했을 때는 이미 어머님은 아니 계신 때였다. 그일 하나만이 아니다. 아침에 마루에 나오기 무섭게 창문들부터 열어젖히는 것이 내 버릇이다. 더위를 몹시 타는 체질이라서 봄부터 가을 까지 그렇게 지낸다. 그러다 보니 한 여름을 제외하고는 노인이 서늘해서 싫었던가보다. 아침에 나와서 분명히 문을 열어놓았는데 잠깐 방에 들어갔다 나오면 문들이 닫혀 있었다. 문 여는 것도 잊어버렸나? 이상하다고 생각하고 창문들을 열고 아침준비를 하다 보면 좀 더운기가 느껴지고 답답한듯해서 보면 문이 모두 닫혀있는 것이다. 이상하다고 생각하면서도 별 생각 없이 다시 문을 열고 일을 했다. 그러다가 어느 날 어머님이 일 삼아서 문을 닫고 다니시는 것을 보게 되었다. 추우시면 어머님이 들어가시라고 짜증을 부리고 문을 열어젖히던 것이 엊그제 같은데 이제 내가 한여름을 빼고는 그때의 어머님처럼 문을 닫고 있다.

타임머신을 타고 미리 이삼십년 앞을 한 번 살아볼 수 있으면 조금은 불효를 면할 것 같다는 객쩍은 생각을 하면서 부덕했던 지난날을 뉘우치고 있다. 찌개가 남았는데 왜 또 국을 끓이시느냐고 볼멘소리를 했는데

나 또한 냄비 서 너 개 씩 음식이 밀려 있기 일쑤이다. 이유는 남편이 한음식을 연거푸 먹어주지 않기 때문이다. 어머님이 아버님 때문에 그렇게 하셨음을 알게 되었을 때도 어머님 이미 떠나신 뒤였다. 만들어 준 음식을 맛있게 먹는 아들을 보면서 휴일이면 음식들이 있는데도 새로 만드시던 어머님의 마음을 헤아릴 수 있게 됐다. 며느리가 맛있게 먹는 모습을 보면서 복스럽게 음식을 먹어서 좋다시며 소담스레 담아주시고는 어서 많이 먹으라던 어머님의 진심이 무엇인지를 깨달으며 가슴이 뭉클해 온다.

제 부모에게 꾸중 듣는 손자를 보면서 울화가 치밀 때 아이들 회초리를 다 꺾어버리시던 그 어른의 심정을 비로소 이해하게 되었다. 며느리에게 싫은 소리 듣는 아들을 보면서 남편을 몰아세우는 내게 가시 돋친 한 마디를 던지시던 그 쓰린 마음을 짐작 할 수 있었다. 늦도록 제 어미를 기다리는 손자를 보는 날 늦은 귀가 탓하시던 심정을 조금 알 것 같았다. 주머니가 얄팍할 때 가슴이 비어오는 것 같은 허탈감에 빠질 때 겨우 어머님의 빈 지갑을 안쓰러워 할 수 있었다. 그때는 생활을 우리가 감당하고 사니까 어머님은 다른 돈이 별로 필요치 않을 줄 알고 살았다. 돈이 항상 부족하게 살아왔기에 그런 생각에 별로 마음 쓰지도 않았음이 솔직한 고백이다. 때가 지났으니 어이하랴. 천국에나 가서 만나 뵐 수 있으면 그때 사죄 하는 수밖에 별 뾰족한 묘수가 없지 않은가?

이제 더위가 한 풀 꺾였으니 벌초할 준비를 해야겠다. 너무 일찍 성화를 하시느냐고 아버님을 못 마땅하게 생각하며 귀찮아했는데 이제 남편이 아버님보다 한 술 더 뜨는 것 같다. 닮는다는 것이 무엇인가, 교육이 무엇인가 따로 설명이 필요치 않다. 예초기를 꺼내서 손질해놓고 점심상을 차린다. 남편은 된장 뚝배기를 준비해 주고 나는 찬물 한 사발에 밥 한 덩이 말아 놓았다. 찬 물 한 모금 마시고 밥 한 술을 떠 넣고는 시원한 물에 잠긴 오이지 한쪽을 베문다. 세상에 부러울 것이 없는 마냥 흡족한 순간이다.

(2009. 9.)

21세기 효자 5총사

효도가 무엇인지 잘 모르지만 사람이라면 반듯이 해야 하는 일로 알고 자라왔다 효도 받기 원하십니까? 라는 질문을 받으면 선뜻 그럼요 하고 대답할 자신은 없다. 다만 불효한 자식을 원하십니까? 라고 누가 묻는다면 아마도 그 말이 채 끝나기도 전에 오른손이 그의 손에 올라가 있을 것 같다. 그것은 나의 불운이나 내게 대한 모독이기에 앞서 내 자식의 불행이고 내 자식을 짓밟는 망발이기 때문이다.

자식이 불효한 놈이라는 손가락질을 받는 일은 참을 수 없는 일이나 효자가 되어줄 것이라는 확신을 갖기에는 선뜻 고개가 끄덕여지지 않는 것이다. 아직 양심이라는 것이 살아있기에 그러하다고 생각한다. 내가 부모에게 효도하지 못하고 있으니 자신이 없을 수밖에 더 있겠는가? 이 진지를 잡수시고 기력이 왕성해져서 백세장수 하시옵소서 하는 마음 보다는 2살 박이 아이가 된 이 어른에게 죽을 떠먹여드리는 일을 도대체 언제까지 해야 되는지 기약이라도 있었으면 좋으련만 하는 생각에 한숨이 절로 따라 흘러나오는 것이 솔직한 고백이다. 이런 형편에 효도 받기를 냉큼 바라지 못하는 양심이라도 살아 있음이 다행이다.

살기 위해 먹어야 되고 배설해야 되는 일의 전부인 2살짜리아기 정도의 9순노모의 수발을 들으면서 21세기의 새로운 효자는 역시 돈 이라는 생각이 들었다. 일회용 기저귀와 세탁기. 냉온수사용이 자유로운 목욕실이 있는 집이 효자 노릇을 하는데 그것은 돈이 대신하지 않던가? 세상은 이상하게 양면성을 가져 재미있는지도 모르겠다. 이런 쾌적한 서비스는 돈에서 비롯되지만 뭐니 뭐니 해도 아들의 손끝으로 받는 보살핌만큼 기분 좋은 것이 있겠는가? 백수생활을 하고 있는 노인의 큰 아들들이 신종효자가 되고 있다. 시모님의 목욕을 끝내고 한보따리 빨래거리를 세탁기에 넣으면서 지나가는 생각 한 자락에 비시식 쓴 웃음을 흘린다. 21세기 효자 3총사는 기저귀, 세탁기, 목욕실인줄만 알았는데 거기 둘을 더해 5총사가 맞겠구나. 큰 아들의 '가난'과 '백수 됨' 까지 합해서 말이다.

(2006. 9.)

그때는 왜!

2018년 4월 20일 초판 인쇄
2018년 4월 25일 초판 발행

지은이 / 오경자
발행인 / 강석호

발행처 / 도서출판 교음사
편 집 / 隨筆文學社 出版部

03147 ·서울 종로구 삼일대로 457 수운회관 1308호
Tel (02) 737-7081, 739-7879(Fax)
e-mail : gyoeum@daum.net

등록 / 제300-2007-52호

* 잘못된 책은 교환해 드립니다. 값 15,000원

ISBN 978-89-7814-728-6 03810

이 도서의 국립중앙도서관 출판예정도서목록(CIP)은 서지정보유통지원시스템 홈페이지
(http://seoji.nl.go.kr)와 국가자료공동목록시스템(http://www.nl.go.kr/kolisnet)에서
이용하실 수 있습니다.(CIP제어번호 : CIP2018012563)